生活と文化をつなぐ

「郷土の音楽」の教材開発と実践

小島律子 編著

DVD付き

JN164306

黎明書房

はじめに

本書は、二〇一三年から二〇一七年にかけて、大阪教育大学の附属学校を中心として進めてきた「郷土の音楽」の教材開発プロジェクトの成果です。二〇一四年からは日本学術振興会科学研究費（課題番号二六三八一二六六）の助成を受けました。

「郷土の音楽」とは、昭和三〇年代から継続して音楽科の学習指導要領に登場している用語であり、民謡やお囃子のような人々の生活に根ざした日本の伝統音楽のことをいいます。このたびの平成二九年告示の新学習指導要領においても「郷土の音楽」の重要性がより一層強化されてきています。

また、この改訂では、音楽科の教科目標が「生活や社会の中の音や音楽、音楽文化と豊かに関わる資質・能力の育成」となり、これまでの個人の情操教育という目標を越えて、生活や社会の中の音楽とかかわる能力が注目されてきました。

もともと「郷土」については、教育の世界では日本やドイツなどで「郷土科」「郷土教育」としてその教育的意義が着目されてきたという歴史があります。学習という観点から見ると「郷土の音楽」は子どもの生活環境に埋め込まれているという意義をもちます。

他方で、「郷土の音楽」は地域の「文化」といえます。音楽科を社会に開かれた文化の教育として学校のカリキュラムに位置づけていくことは、これからの学校教育に求められるものであるといえます。このようなことから、「郷土の音楽」は子どもの「生活」と「文化」をつなぐ教材として捉えることができると考えました。

「郷土の音楽」が子どもの生活している地域に伝承されている音楽だということは、子どもの生活経験を土壌とした教育が可能になるということです。子どもの生活経験とは子どもの「関心」の源であり、そして、子ども自身が意味生成を行っていくための手がかりが詰まった宝庫といえます。そして「郷土の音楽」はその地域の人々に長年にわたって価値づけられてきた「文化」といえます。私は、子どもの生活経験という観点から「郷土の音楽」を教材とすることで、子どもの「生活」と「文化」とを結びつける教育が可能になるのではないかと考えました。

本書の「郷土の音楽」の教材開発の特徴は以下の三点にあります。

第一は、イベント的、体験的な活動の提案ではなく、「郷土の音楽」の授業を学校のカリキュラムに計画的に位置づけること。それは、伝統芸能の衣装を着たり、楽器に触れたり、伝統芸能を鑑賞したりといった体験型の教育とは別のものになります。「郷土の音楽」の授業を学校のカリキュラムに組み込むことにより、二一世紀の社会に求められる資質・能力を育成していく教育として具体化するものです。本書はそのための根拠となる理論と実践を示しています。実践の映像は、ワークショップも含めて付属のＤＶＤに収められています。

第二は、各地域に特殊な「郷土の音楽」の授業を一般化するための「授業モデル」を提示すること。「郷土の音楽」はその地域の風土に応じてそれぞれに固有の姿をしています。それでいながら「郷土の音楽」は人が暮らしているところなら全国どこにでも普遍的に存在するものです。本プロジェクトは関西圏の「郷土の音楽」を取り上げていますが、「郷土の音楽」を子どもの生活経験の立場から授業構成することで、授業論として展開し、関西以外の郷土の音楽を教材とした場合でも通用する理論に基づく授業モデルを提示します。

第三は、学校内での教科の学習を地域に開かれたものにするための手続きを示すこと。地域の人をゲストティーチャーとして授業に招くということは総合的な学習等で近年よく見かけます。本プロジェクトでは「郷土の音楽」の地域の伝承者に、単なるゲストではなく、指導内容を選ぶ、授業構成を行う、授業を実践するといった授業デザインの過程にかかわってもらうことを試みました。地域の人と教師と子どもたちとが対話する形で協働して授業をデザインするという手続きを提示します。それはカリキュラム・マネジメントに示唆を与えるものとなります。

このように、本書は「郷土の音楽」に二一世紀の教育課題に応える教材としての新たな価値を見いだし、その価値を授業実践として現実化したものです。本書がきっかけとなって、全国のそれぞれの地域で「郷土の音楽」の教材開発が進められ、子どもたちが自身の生活経験を基に地域の文化を学んでいくというリアリティある教育が展開されることを願っています。

小島律子

目次

第Ⅰ章

「郷土の音楽」と教育

1　学校教育におけるこれまでの「郷土の音楽」

小島律子

「郷土の音楽」は学校教育に特有な用語です。半世紀以上、学習指導要領や教科書に扱われながらも学校の授業ではきちんと位置づけられてはきませんでした。まず、学校教育において「郷土の音楽」がこれまでどのように捉えられてきたか、そして「郷土の音楽」とはそもそもどういう種類の音楽を指すのかということを押さえておきます。

(1)　学習指導要領における「郷土の音楽」の位置づけ

もともと「郷土の音楽」とは学習指導要領に登場した用語といえます。昭和三三（一九五八）年改訂の中学校学習指導要領から現在に至るまで半世紀以上にわたって登場している用語です。私は、戦後から現在に至るまで、音楽科の学習指導要領における「郷土の音楽」の位置づけは大きく二つに分けることができるのではないかと考えています。

一つは、戦後から平成元年改訂までの「教材曲の一つ」としての位置づけです。学校で教材とする音楽については一部のジャンルに偏るのではなく多様な音楽を範囲とすべきである、そこには当然我が国の音楽を入れておかねばならない、という考えで日本の民謡が教材として挙げられていたと考えられます。

もう一つは、平成一〇年改訂から現在（平成二九年）までの、「日本の伝統文化」としての位置づけです。この辺りから、日本伝統音楽を教えることが伝統文化教育として価値づけられるようになり、「郷土の音楽」は身近な日本伝統音楽として注目されました。

以下、それぞれの時期において学習指導要領が「郷土の音楽」をどう扱っていたかを詳しく見ていきます。

①　教材曲の一つとしての位置づけ

「郷土の音楽」が初めて登場した昭和三三年改訂の中学校版では、郷土の音楽は、日本や世界のいろいろな国の民族的な音楽の一つとして扱われていました。第一学年では「郷土の音楽やわが国および世界の有名な民謡・民族音楽を取り扱い、それらの違いや共通性を感じさせる。」、第二学年では「郷土の音楽、各種の民謡および民族音楽などについて、それぞれの音楽の特色ある美しさを味わわせる。」と記述されています。そして歌唱でも鑑賞でも民謡が教材とされています。鑑賞の教材例としては北海道の民謡である《江差追分》が挙げられています。

そして、昭和四四（一九六九）年の改訂においては、さらに民謡をうたう活動が重視され、民謡が「共通教材」（必須の教材）としての指定を受けることになります。中学校第一学年では富山県民謡《こきりこ節》、第二学年では宮城県民謡《斎太郎節》、第三学年では宮崎県民謡《かりぼし切り歌》が挙げられています。この頃「郷土の音楽」は民謡に代表されていたと見ることができます。そして昭和五二（一九七七）年改訂では「共通教材」から民謡ははずされるのですが、教材としては表現領域、鑑賞領域共に「郷土の民謡を取り上げるようにすること」と記載されています。

平成元（一九八九）年改訂では、「郷土の音楽」は中学校だけでなく小学校にも広がります。小学校では「それぞれの地域に伝承されているわらべうた」という言い方で、「郷土の音楽」としてわらべうたを教材に含めるように示されます。中学校ではこれまでと同様、表現教材として郷土の民謡を取り上げること、そして鑑賞教材として「我が国及び諸外国の古典から現代までの作品、郷土の音楽及び諸外国の民族音楽とすること。」と示されます。

以上より、昭和三三年版から平成元年版までは、世界にいろいろある音楽の一つ、とくに民族色の強い音楽の一つとして日本の民謡をうたったり鑑賞したりする学習が期待されていたのではないかと見ることができます。そこでは民謡が取り上げられていましたが、それらは全国的に有名な日本の民謡であって、学習者の生活する地域の「郷土の音楽」という見方はほとんど見られなかったといえましょう。

② 伝統文化としての位置づけ

平成一〇（一九九八）年改訂学習指導要領では、郷土の音楽の捉え方が大きく変化したと捉えることができます。それは日本の伝統文化の教育を推進する思想的な動きと関連していると考えられます。平成八（一九九六）年の中央教育審議会答申では「我が国の歴史や伝統文化などへの理解を深め、日本人としての自己の確立を重視」するという提言、それを受けて平成一〇（一九九八）年の教育課程審議会答申では「我が国や郷土の歴史や文化・伝統に対する理解を深め、これらを愛する心を育成する」という提言がなされます。平成一〇年改訂中学校版解説においては改訂の趣旨として「我が国の伝統的な音楽文化のよさに気づき、尊重しようとする態度を育成する観点から、和楽器などを活用した表現や鑑賞の活動を通して、我が国や郷土の伝統音楽を体験できるようにする。」（解説四頁）と述べられています。そして、それまでの民謡をうたう活動から、箏や篠笛や和太鼓といった和楽器を使用して日本伝統音楽（郷土の音楽を含む）を演奏する器楽活動にまで広げられ、日本伝統音楽教育の充実が求められるようになりました。

さらに平成一八（二〇〇六）年には教育基本法が改訂され、目標に「伝統と文化を尊重し、それらをはぐくんできた我が国と郷土を愛するとともに、他国を尊重し、国際社会の平和と発展に寄与する態度を養うこと。」が新たに入り、伝統と文化の教育がより強調されるようになります。

それを受け、平成二〇（二〇〇八）年の改訂では、郷土の音楽を含む日本伝統音楽の教育がさらに推進されてきます。これまで中学校が中心であった郷土の音楽について、小学校においても記載がなされます。小学校中学年の鑑賞教材に「和楽器の音楽を含めた我が国の音楽、郷土の音楽、諸外国に伝わる民謡など生活とのかかわりを感じ取りやすい音楽、……いろいろな種類の楽曲」という記述が入ります。中学校では、鑑賞教材としては「我が国や郷土の伝統音楽を含む我が国及び諸外国の様々な音楽」というようにこれまでと同様ですが、歌唱では「民謡、長唄（ながうた）などの我が国の伝統的な歌唱のうち……伝統的な声の特徴を感じ取れるもの」と、音楽の伝統的な特徴の学習が強調されるようになります。この「我が国の伝統的な歌唱」の例示としては「我が国の各地域でうたい継がれている仕事歌や盆踊歌などの民謡、歌舞伎における長唄、能楽における謡曲、文楽における義太夫節、三味線や箏などの楽器を伴う地歌・箏曲など」が具体的に挙げられます。そして、これまでのようにただ教材曲として民謡をうたえばよいということではなく、民謡をうたうことで「伝統的な声」という特徴を学習することが大事だというように、音楽科としての指導内容が意識されるようになります。歌唱や楽器の演奏の指導方法についても、伝統音楽に特有な言葉と音楽との関係への注目や姿勢等、伝統音楽ならではの特徴を生かすような指導方法をとることが求められるようになりました。

つまり、伝統音楽をこれまでのように西洋音楽と同じような指導方法で教えるのではなく、日本の文化としての伝統的な特徴を生かして扱うことが求められるようになってきたのです。この傾向は次の平成二九（二〇一七）年の改訂においてもさらに強化されることになります。

平成二九年改訂は、小学校でも日本伝統音楽や郷土の音楽の指導方法について言及されるようになります。「音源や楽譜等の示し方、伴奏の仕方、曲に合った歌い方や楽器の演奏の仕方などの指導方法を工夫することと」というように、日本伝統音楽を五線譜を使って西洋音楽のように教えるのではなく、音楽の伝統的な特徴を生かした指導方法をとるようにと示されました。

中学校では、鑑賞において「我が国や郷土の伝統音楽」の範囲として「雅楽、能楽、琵琶楽、歌舞伎音楽、箏曲、三味線音楽、尺八音楽などや、各地域に伝承されている民謡や民俗芸能における音楽など」というように具体的に例示がなされました。ここでは民謡だけでなく民俗芸能にまで幅広く捉えられています。

このように平成二九年版は、平成二〇年版における日本伝統音楽や郷土の音楽の扱いをより具体的に展開したものと見ることができます。ただ、その際に「我が国や郷土の音楽に愛着がもてるよう……それぞれの地方に伝承されているわらべうたや民謡など」（小学校）を取り上げるように、「生徒が我が国や郷土の伝統音楽のよさを味わい、愛着をもつことができるよう工夫すること」（中学校）というように「愛着」という用語が新たに使われています。ここに、単に日本伝統音楽や郷土の音楽の学習によって音楽の多様性を学習するというだけでなく、自分たちの音楽、また、ある共同体の音楽としての「特別な思い」をもつことが期待されているのが読み取れます。

③　学習指導要領における「郷土の音楽」の位置づけ

以上の学習指導要領の概観より、二一世紀に入って「我が国や郷土の音楽」への見方が変化し、「我が国や郷土の音楽」は自国の文化であるという意識が強くなってきたのがわかります。教科書に五線譜で示された民謡をうたえばよしとされた時代から、西洋音楽と異なる「我が国や郷土の音楽」の固有性を重要視する時代へと変わり、民謡をうたうことを通して何を指導するのか、どう教えるのかと指導内容と指導方法も問われるようになってきました。また「郷土の音楽」の範囲も民謡から、民俗芸能の広い範囲に拡大されてきました。そして、この教材の何が伝統的な音楽的特徴なのかが重視されるようになり、伝統音楽としての特徴を生かした教え方が求められてきたのです。そこには「我が国や郷土の音楽」を自国の文化として位置づけ、その音楽的な固有性を音楽活動を通して学習させるという立場があると考えられます。

学校音楽教育としては、いたずらに自国の音楽への愛好の情をかき立てるのではなく、このような音楽の本質に迫るアプローチは正統的なものと考えられます。ただ、現在は「我が国や郷土の音楽」を自国の伝統文化としてその価値を認識することで自国への帰属意識を育てようという方向が見えてきているようにも感じます。郷土の音楽に愛着をもつようになるのはあくまでも音楽の本質に迫る学習の「結果」であって、愛着心をもたせること自体を「目的」とすることにならないように気をつけなければなりません。そうならないためにも、今、郷土の音楽にはどのような教材性があるのか、理論的かつ実践的に明らかにしていくことが求められているといえるでしょう。

(2)　「郷土の音楽」という音楽

①　「郷土の音楽」とはどのような音楽をいうのか

音楽教育では、「郷土の音楽」(「郷土の伝統音楽」は同義)とは、日本の各地に伝わるわらべうた、獅子舞の音楽、お囃子、盆踊りうた、民謡、舞楽や神楽の音楽などを指します[(1)]。それらは音楽学の分野では「民俗音楽」の分類に入ります[(2)]。その中でも獅子舞、舞楽や神楽、田楽、万歳などは「民俗芸能」と呼ばれます。それは「人々の生業や信仰、習俗と深く結びつき、祭りや年中行事の中で、豊作祈願や悪霊退散などのために演じられてきた舞踊や音楽、演劇のこと」であり、伝承が主に地域共同体を基盤としてなされてきたことから「郷土芸能」ともいわれています[(3)]。

このような成り立ちゆえに「郷土の音楽」という場合、「民俗芸能」の中の音響のみを取り出して指すわけではなく、踊りや劇や衣装や舞台空間すべてを含んだパフォーマンス全体における音楽面を指すことになります。したがって「郷土の音楽」を教材とする場合は、鳴り響く音響だけでなく、パフォーマンス全体を視野に入れて扱うことが前提となります。

② 「郷土の音楽」の音楽的特性

(ア) 生活に結びついた総合的な表現

小島美子は、わらべうた、子守歌、民謡、郷土芸能の音楽といった「民俗音楽」の音楽的な特徴として、①生活している地域の中で庶民がうたったり演じてきた音楽である、②口伝えで伝えられてきて作者のことは問題にされていない、③部分的につくりかえたり即興的に変化させたりすることもかなり自由である、と述べています(4)。このような特徴が郷土の音楽に具体的にどのように反映されているか見ていきましょう。

子どもの生活に密着した歌としてわらべうたがあります。わらべうたは子どもの遊び歌で、遊ぶ中でふしと言葉と動きが三位一体となってうたわれます。そして子どもたちが実際にうたい遊ぶことを通して伝承されてきました。伝承においては歌や遊び方は時代、地域、生活環境によってつくり変えられていきます。例えば方言からくるつくり変えがあります。子どもたちがうたうときは自分たちが普段しゃべっている方言でうたいます。その方言の抑揚やリズムによってふしや動きが変わってきます。

民謡は、大人のさまざまな生活の場面、仕事や行事や娯楽などの場面で生み出され、伝承されてきました。民謡には、草刈り歌や酒造り歌や馬子唄などの仕事歌、宮入歌や嫁入り歌などの祝い歌、盆踊りや獅子舞などの踊り歌などがあります。仕事のつらさを紛らわせるため、あるいは仕事がうまく進むように息を合わせるためにうたったり、祭礼において神々を迎える気持ちをうたったりと、人々は生活でのさまざまな状況での思いを歌にしてきたのです。

また、郷土の音楽には楽器を使った音楽もあります。「田楽（でんがく）」という民俗芸能があります。田楽とは田植えや稲刈りのときに、豊作を祈って田の神を祭ってうたい舞う芸能です。早乙女たちが歌をうたいながら田植えをし、そこに男たちが笛や太鼓で賑やかにはやし立てます。また、獅子や鹿のかぶり物で仮装したり、華やかに飾り立てて踊ったり行列したりすることを楽しむ「風流（ふりゅう）」という芸能があります。そこでは豪華な神輿を引きまわすときに、笛や太鼓や鉦などが囃します。また、神のお告げを聞くために演じられた「神楽（かぐら）」では、呪術的な効果を出すために、舞踊や演劇に笛や太鼓やシンバルのような打ち物や数珠などさまざまな音が使われます。

このように民俗芸能は歌や楽器による音楽的要素だけでなく、神楽の神話や人形芝居に見られるような演劇的要素、衣装や小道具や神輿といった造形的な要素、巫女の舞いや田植え踊りに見られるような舞踊的な要素が総合的に融合したパフォーマンスが特徴となっています。つまり、郷土の音楽は、生活の中から生まれた総合的な表現としての特徴をもっているということができます。

(イ)　風土がもたらす多様性

郷土の音楽は生活における庶民の表現です。生活は環境への相互作用として営まれるので、生活者が表現する基盤には自然環境があり、社会・文化環境があります。気候や地勢や地質等の自然環境の総体を風土と呼ぶなら、その風土における人間の立ち居振る舞い、すなわち行動様式が文化といえます。日本列島は縦長なので地域によって風土は異なります。そこに生み出される文化もそれぞれ異なるものとなり、郷土の音楽も多様性をもったものとなります。

一つは、使われる楽器や声が多様ということがあります。太鼓、笛、鉦、打ち物の他に、日常道具のようなものも楽器として使われます。富山県民謡の《こきりこ》に代表される「ささら」は竹や細い木の枝などを束ねた道具で、その音色にサラサラと稲穂が揺れる音を感じ、田楽で鉦や太鼓と一緒に使われてきたという説があります。また田畑の雀を追い払うための拍子木の一種に鳴子があります。宗教行事等で使われる鈴、鉦、数珠、木魚、チャッパ（二枚組みの小型シンバル）、拍子木などの楽器も使われます。特定の地域に特有の楽器としては、アイヌのムックリや沖縄の三線《さんしん》やエイサー太鼓等があります。また楽器の奏法についても、一つの楽器で人々がいろいろな鳴らし方を工夫して多様な音色を試してきました。鉦でも表、裏、真ん中、縁と、打つ場所を変えれば音色が変わりますし、打つばかりでなく擦ったりして音を出すこともできます。声にしても特定の発声法が決まっているわけではないので、うたう人のそれぞれの声の持ち味が生かされるということがあります。

このように郷土の音楽では、人々が生活の中から多種多様な音を見つけて使ってきているということがあります。伊野義博は、囃し声、神輿をかつぐ声、掛け声、足を踏みならす音、手拍子といった身体から出る音や、海辺の地域なら波などの自然の音等をすべて融合した音の世界を郷土の音楽の特性として見ています(5)。

二つは、リズムや旋律にその地域特有のものが見られます。阿波踊りのリズムや沖縄のリズムや音階はその地域に独特です。海に囲まれた自然環境から感じ取るリズムということもあるかもしれません。旋律のふしまわしはその土地の方言の抑揚やリズムやアクセントや発語が関係しているといわれています。また、仕事の身のこなしから生まれるリズムもあります。漁で力を合わせて網をひくときは、ソーラン節のような拍のあるリズムの歌となります。馬をひいて米や物品を運ぶ仕事で口ずさむのは、拍のないリズムの追分の歌となります。

以上より、郷土の音楽の音楽的特性は、とりわけ音色、リズム、ふしまわしに表れること、そしてそれらの音楽的特性はその地域の風土と生活を背景としていることがわかります。そして、音楽的特性は、足取りや舞踊といった身体表現、造形や衣装などの視覚的な表現、言葉の表現などと総合され、多媒体による総合的な表現として発揮されていることがわかります。このような特性が、郷土の音楽を過去の遺産ではなく、現在も生きて変容していくものとしているといえましょう。

2　「郷土の音楽」の教材としての価値

小島律子

これまでは「郷土の音楽」は「日本伝統音楽であるから」学校の教材とするという立場がありました。たしかに郷土の音楽は日本伝統音楽の取りつきやすい、わかりやすい教材といえましょう。しかし、それだけではないのです。「郷土」という環境は人間形成に寄与するという意義をもっています。そして、日本伝統音楽は文化であるという以上の、「郷土の音楽」は自地域の文化であるという特別の意義をもっています。ここでは、現代の学校教育にとって郷土の音楽を教材とすることの価値がどこにあるか明らかにしていきます。

(1)「郷土」のもつ教育的価値―生活と教育―

① 教育における「郷土」の意義

(ア)「郷土」という言葉

「郷土」という言葉は私たちにとって古くさく感じられるかもしれませんが、他の言葉では置き換えることのできない固有の意味合いをもつ言葉といえます。

「郷土」という概念は、これまで民俗学を始め、さまざまな学問分野でそれぞれの捉え方をされてきましたが、ここでは「教育学」における「郷土」に着目します。これまで日本でも海外でも、人間の教育ということを考えるとき、「郷土」は幾度となく取り上げられてきました。

『広辞苑第6版』には「郷土」とは「生まれ育った土地」（七三六頁）とされています。生まれ育つということは人間形成が行われるということであり、「郷土」は人間形成の土壌ともいえるでしょう。

そもそも人間は環境との相互作用（インタラクション）を通して成長していく存在です。子どもは「郷土」という生活空間を環境として、それと相互作用をすることを通して自己を形成していく存在であるということになります。「郷土」は人間形成の土壌もしくは母胎としての環境と見ることができるでしょう。そして、相互作用の対象となる環境が「郷土」であるとき、人間と環境との相互作用は特別なものとなると考えられてきました。その郷土と人間との特別な関係に、教育における「郷土」の意義が見いだされてきました。

(イ) 教育における「郷土」

教育において「郷土」に着目するとき、子どもと「郷土」との特別の相互作用はどのようなものとして捉えられていたのでしょうか。

教育において「郷土」に着目したものとしては、歴史的に見れば日本の昭和初期の郷土教育運動、そして同じ頃にドイツで初等学校制度に導入された「郷土科」(Heimatkunde) が挙げられるでしょう。

日本では昭和初期の郷土教育運動の時代に、郷土を子どもの生活する空間として捉え、「郷土」と子どもとの関係に着目した教師がいました。長野県の地理の中学校教師、三澤勝衛です。飯島敏文によれば、三澤は郷土の教育的意義を以下の点に認めていたということです。①郷土は、事象の直接体験が可能な場である。②郷土の事象は他郷土の事象と関連を持っている。③郷土は生活の場であり、子どもの発達に応じて拡大するもの。④郷土はその現形態の中に歴史と将来をはらんでいる(1)。

つまり、郷土は子どもの生活空間であることから、子どもが直接体験できる対象であり、空間的かつ時間的な広がりを持って拡大していくものだと捉えられています。そして、三澤は教科書に頼らず、野外調査と地図帳をもとにした授業を進め、生徒には人の考えたことを覚えるのではなく、自分の頭で考えることを常に促したということです(2)。三澤は「郷土」を地理についての知識理解を与える教材としてではなく、子どもが自分の頭を使って考える態度すなわち物事への見方・考え方を養う教材として捉えたといえるでしょう。

一方、ドイツの郷土科は、理科、社会科、道徳等にあたる内容を統合した総合学習といえるもので、二〇世紀初めから初等教育の基礎段階としてカリキュラムに設定されました。そこでは、やはり子どもの生活空間を環境として据え、子どもの生活経験という観点から教材選択および教材配列が行われ、体験を通した直観的認識や自己活動が重視されたとされています(3)。

以上より、教育の立場からは「郷土」は、単に地理的、物理的な空間としてではなく、子どもが生活する空間として捉えられ、そして、子どもと郷土との関係の特性として以下の二点が見いだされてきたといえましょう。

一つは、「体験」を通した関係であるという点です。「郷土」の諸事象は子どもの体験の対象になり得るものが多いです。体験では、記号や文字を通してではなく、身体感覚諸器官を通した子どもと対象との直接的な交渉が行われます。

もう一つは、総合性をそなえた関係であるという点です。「郷土」の諸事象は、教科に分化されたものではなく、現実世界（リアリティ）そのものであり、自然的、社会的、文化的要素等すべてが総合されて存在しています。そして、その総合性は、時間的にも過去・現在・未来の連続性を、また空間的にもその地域だけでなく他地域との連続性を生み出すものとなっているのです。

(ウ) 地域教材

日本では、戦後の社会科から「郷土」に替わる用語として「地域」が使われるようになりました。近年では、学校運営において「開かれた学校」という文脈で「地域」が注目されるようになっています。背後には、平成一八（二〇〇六）年の教育基本法改訂で地域と学校との連携を促す文言が加わったことがあると考えられます。

他方、学校教育の学習内容においては「地域教材」への着目があります。この場合の「地域」とは学習者の生活区域である自地域を指し、「地域教材」とは他地域と意識的に区別されたところで教材とされるものとなっています(4)。その教育的意義としては、一つは、生活を基盤とした体験的学習が組みやすく、そのことで学習者の興味関心が喚起され、学習への能動性が引き出されやすいということ、二つは、自地域は他地域と同じ機能や構造をもっているので、現実世界の典型として広がりある学習につなげやすいということがあります(5)。

つまり、「地域教材」は、教育方法としては「体験」を通して学習への能動性を引き出しやすい点、教材としては自地域から他地域、日本、世界へと広げていくための原体験的な学習ができるという点に教育的意義が見いだされているといえるでしょう。

(エ) 郷土の教材の教育的価値

教育の観点から「郷土」に着目する場合、郷土と子どもとの関係にある「直接性」と「総合性」という特性が価値づけられてきたと整理できます。日本の現在の学校の授業においては、郷土への着目は「地域教材」への着目という形で継承されていると考えられます。そして「地域教材」の教育的意義としては、生活を基盤とした体験的学習が実践しやすいこと、および自地域の学習を典型として学習の拡大が可能となることが注目されています。

以上述べてきたことを総合的に見ると、郷土は子どもの生活する場であることから、身体や感覚諸器官を通した直接経験が行われる場であるということになります。直接経験を通して子どもたちは自己の興味を自覚し、対象である環境の仕組みや意味を興味や生活感情といった情意を支えに学んでいくことができ、その学習は実感を伴ったものとなります。

同時に、直接経験の対象は現実世界そのものであり、それは学問・科学・芸術文化の諸専門分野に分割されていない、それらが重なり合っている未分化な生の環境となります。したがって、対象である環境の仕組みや意味を学ぶということは、単に自地域について物知りになるということではなく、学問・科学・芸術文化のさまざまな専門分野に連続発展していく可能性をもった学びとなります。

つまり、一般的に学校で行われる記号や符号を通した教科教育に対して、郷土を教材とする学習はその土台になる教育と位置づけることができます。そのために、郷土を子どもの［生活経験の時空間］として捉えることが有効であるといえます。

(2)「郷土の音楽」のもつ教育的価値―文化と教育―

「郷土の音楽」を学校で教育する価値はどこにあるのでしょうか。それは「郷土の音楽」を「文化」として捉えることで見えてきます。

ただし、教師側が「郷土の音楽」は文化としての価値があるからといって授業で提示しても、子ども側にとっては単に古くさいだけのものかもしれれません。郷土の音楽の授業デザインには、子どもにとってもそれが自分たちの文化なんだと実感できるような論理が必要となります。その論理をつくるのが「織り込まれた知性」(6)という概念です。この概念は「文化」と「子ども」をつなぐ共通項になります。この概念に注目することで、「文化を教える」ときに常に根本的課題となる、文化の「伝達」と「再構成」の統一という課題への展望も見えてきます。

① 文化としての「郷土の音楽」

文化とは、辞書的には「人間の生活様式の全体」であり、「人類がみずからの手で築き上げてきた有形・無形の成果の総体」と説明されます。E・タイラーによる文化人類学での有名な定義では、社会の成員としての人間が獲得した知識、信仰、芸術、法、道徳、慣習、および他の諸能力や習性を包含する複雑な総体である、となります(7)。このことから、文化は、人間が長年にわたって環境と相互作用してきたことの積もり積もった成果と見ることができます。そしてまたこの成果は社会の慣習として人間の経験に作用していくものとなります。

「郷土の音楽」は地域文化といえましょう。地域文化とは、ある限定された地域における慣習の複合体ということができ、その地域に生活してきた人々が選び取り、蓄積してきた思想や感情が織り込まれています。それらは文字によらず、口伝えや身振り等で伝承されているものがほとんどという特徴をもつものです。

「郷土の音楽」は第一に文化、すなわち人類の経験の成果の蓄積であることにより、学校で教育する価値をもつといえましょう。

②　文化の伝達と再構成

しかし、単に「郷土の音楽」は文化であるから学校で教えて後世に伝えていくべきだという主張にはなりません。そもそも学校は文化を伝達していく機能と同時に、子どもの成長を促す機能をもつものです。つまり、社会的なもの（文化）と個人的なもの（個としての子どもの経験）を連続的に統一する機能をもつものなのです。

他方、文化の伝達について見れば、文化が未熟者に伝達されることで未熟者は社会の一員になり、社会は維持されていきます。しかしながらこの場合の「伝達」は文字通りの「伝達」ではなく「再構成」というべきかもしれません。J・デューイは、文化が伝達され永続的に再生産されていくには、それ自体の再構成を必要とするといっています(8)。文化は固定化されたものとして未熟者に受け渡されていくのではなく、伝達の過程で未熟者の本性によって変形がなされていくものであり、変形がなされることで再構成されるということです。固定化されてしまった文化はひからびて生命を失い、もはや後世に伝達されることはないということなのです。まさに伝承と創造が求められる伝統文化教育は、文化の伝達と再構成を統一した観点から構想されねばならないということになります。

学校は、文化を伝達する機能と同時に、現在に生きる子どもの感性や思考によって再構成するという機能をもたなければなりません。学校教育においては、この「社会」と「個」の両立、すなわち文化の「伝達」と「再構成」という一見相反する側面を両立させることが求められます。

③　文化の伝達と再構成の統一をめざす学校教育

文化を学校で教えようとすると、熟練者の一方的な教え込みになりやすいという問題が出てきます。熟練の権威者が見本を見せ、それを模倣させて未熟者に伝達するという方法が取られやすいのです。たしかにある特殊な文脈においては、そのような教え方もあり得るでしょう。ただし、ともすればそこでは教えるべき文化の価値は固定化されたものになり、厳密に伝達・再生をめざすことが目標となってしまいます。そうなると、学校が文化を尊重することが、教え込みの古い授業観に後戻りさせるのではないかという危惧が生じてきます。どの子にも未来を拓く柔軟な思考力を育てるべき公教育としての学校においては、文化の真正性は保ちながらも一方的な教え込みとは異なる方法を考えねばならないのです。

そこに、文化の「伝達」と「再構成」はいかに統一されるかという先ほどの問いが再び出てきます。答えは、文化を「遺産」としてではなく、「人類の経験」として見ることで見えてきます。

前述したように、人類の経験の公共に認められた成果が「文化」と呼ばれます。早川操は、J・デューイに依拠して、文化には、過去の人類の経験を通して蓄積してきた専門的な精神や知識が織り込まれていると見て、その専門的な精神や知識を生み出してきた知性を「織り込まれた知性（embodied intelligence）」と呼びます(9)。人間が環境との相互作用を通して、これは有益だ、これは意味深い、これは美しいなどと判断し、選び取り、外に表わす作用、すなわち思考・判断・表現の作用を「知性」と見るわけです。そして、その知性が働いた成果としての精神や知識が、社会によって共有され認知されてきたものを文化と見るのです。それが、文化を「遺産」としてではなく、「人類の経験」として見るという見方になります。この見方に立つと、文化には、それらを成果物として生み出すのに働いてきた人類の知性が織り込まれているといえます。それを「織り込まれた知性」といいます。

④「伝達」と「再構成」の統一を可能にする「織り込まれた知性」

「郷土の音楽」を学校で扱う場合は、「伝達」と「再構成」の二つの機能を両立させるように扱わねばならないと述べてきました。そのためのかぎとなるのが「織り込まれた知性」です。

文化に「織り込まれた知性」は人類の社会的な知性ですが、人間は社会的な文脈の中に生きているので、人間の側も無意識のうちにその社会の文化の影響を受けていると考えられます。人間の側にも「織り込まれた知性」があるはずです。

とりわけ、文化が自分の住んでいる地域の文化、すなわち地域文化である場合、人間はより直接的にその文化の影響を受けて育ちます。その地域に生活する子どもは、それぞれの機会に、それぞれの形で、その地域文化を経験していることでしょう。そして文化に「織り込まれた知性」は子どもの思考様式や振る舞い方にも織り込まれていると推察されます。しかし、子どもにそれは無自覚なものとして織り込まれており、日常生活では子どもは自身に潜在している「織り込まれた知性」に気づいてはいません。

このように「織り込まれた知性」は地域文化にも子どもにもあるということから、両者の共通項になり得ます。私は、「文化」と「子ども」の共通項であるこの「織り込まれた知性」に着目することで、伝達と再構成の統一という課題への解決を探ることができるのではないかと考えました。

地域文化を教材とした学校の授業では、子どもは地域文化を対象として活動します。例えば、地域のお囃子の「テンツクテンツク　スッテンテンツク　テンツクスッテンテン」という太鼓の口唱歌《くちしょうが》を唱えながら輪になって歩いているとします。歩いているうちに自分の足取りがその口唱歌に合った軽やかな動きになってくる、というのは「文化」と「子ども」との相互作用といえます。このような文化と子どもとの相互作用において「織り込まれた知性」は覚醒され働くようになります。子どもは、地域文化の「織り込まれた知性」が選択し精選してきた太鼓のリズムによって働きかけられ、自分に潜在していた「織り込まれた知性」を覚醒していきます。子どもは覚醒された「織り込まれた知性」を拠り所にしてその軽やかな動きを自分にとっての意味として感じ取り、軽やかなイメージを表現するように足取りを自分なりに変化させていきます。ここに、伝統的なお囃子の口唱歌の「伝達」と、子ども一人ひとりの個人的なイメージや感性を通した「再構成」による表現との統一が実現されていると見ることができるのではないでしょうか。

学校において地域文化の「伝達」と「再構成」という一見相反するような二つの機能を両立させるためには、個に潜在している「織り込まれた知性」が覚醒するような環境構成を行い、子どもが地域文化と相互作用できるような場づくりをするということが前提となると考えられます。

⑤「織り込まれた知性」を覚醒させる環境構成

「郷土の音楽」を学校で教材とする場合、小学校高学年くらいになると嫌がる子どもが多く出てきます。それまでに西洋音楽にしっかり馴染んできているので、馴染みのない日本伝統音楽である「郷土の音楽」が異様に思えるということがあるのでしょう。本書の実践事例の中でもそのような様相は見られました。しかし、それが徐々に「郷土の音楽」にノルようになり、楽器を奏することや踊ることを楽しみ、自分たちで即興までするようになりました。

なぜ、子どもたちがそのように変容したのか授業分析してみますと、自身の「織り込まれた知性」が覚醒されたことが要因と推察されました[10]。自分の外側に教師によって提示された文化に対して自身の「織り込まれた知性」を共通項としてつながったときに、子どもは文化に意味と価値を見いだし、パフォーマンスに能動的に参加するようになりました。そして自己の欲求や感性に基づいて表現をするようになりました。その囃子を生み出してきた昔の人々の経験と、現在の自分の個人的な経験とがつながったということです。

つまり、文化がいくら価値あるものだとしても、教師による外からの価値づけは無力であって、子ども自身が自分と文化とのつながりを意識することが重要だということです。そして、そのことに「織り込まれた知性」の覚醒が役目を果たすのです。

では郷土の音楽では「織り込まれた知性」の機能はどのような条件で発揮されるのでしょうか。

一つは、地域文化の素材を加工せず現実世界に存在しているそのままの姿で子どもと相互作用させるということです。

伝統的な地域文化は、その土地の風土・歴史・社会を基盤として、口承による対面的な交流を通して時代を超えて伝承されてきたものであり、とりわけ、地域文化が民俗芸能の場合、音楽、踊り、造形といった芸術的な媒体を通して表現されたものとなります。そういった地域伝統文化の素材を表現活動において使うときは素材の性質を生かした扱い、すなわち現実の民俗芸能で為されているような扱いが必須となります。例えば太鼓のリズムを素材とする場合は、地域の伝承で使われている口唱歌を模倣させ唱えさせます。教師が太鼓のリズムを西洋音楽のようにリズム譜に書いて子どもに提示するというような仲介はしないということです。

二つは、素材が存在していた時空間を意識した活動環境を整えるということです。

事例10では、クラスを二つのチームに分けて口唱歌「**テン**ツク**テン**ツク　スッ**テンテンテン**ツク　**テン**ツクスッ**テンテン**（ソーレッ）」（太字は強調して打つ箇所）で囃し合う活動をしたところ、ここで急にクラスのノリともいえる活気が出てきました。そして数人が自ら名乗り出て踊り、他の子どもたちは口唱歌を唱えてそれを盛り上げたのです。踊っている子どもたちは見ている友だちに「入り〜や入り〜や」と輪に加わるよう誘い、踊りの輪を大きくしていきました。さらに、傘踊りの輪踊りをする子どもたちも口唱歌を口ずさみ、周りで輪踊りを見る子どもたちも口唱歌で踊りを囃すというようになっていきました。これらの行動は教師の指示無くして、子どもたちが自発的に行っていったことです。

　ここで祭りの現実に近い状況が実現されたと考えられます。それは、お囃子の本質である囃すという精神と、それを具体化した音によるコミュニケーション、踊りの輪に見ている人たちが参加するという身体の同調等が実現されたということです。それらはすべてこのお囃子に「織り込まれた知性」の成果といえましょう。お囃子の、囃すという精神および音や身体によるコミュニケーションといった本質が子どもたちに経験されたと見ることができます。環境に織り込まれた囃すという精神や音や身体によるコミュニケーションという本質に働きかけられ、子どもたち側の「織り込まれた知性」が覚醒され参加し始めたと見ることができます。

　三つは、子どもたちの相互交流が行われるよう、対面的なかかわり（face-to-face intercourse）ができるような場づくりをするということです。

　事例10では、グループになって、踊り、太鼓、四つ竹を合わせる活動がありました。祭りに参加している熟練者の本山がいるグループでは、他のメンバーが本山のやっている後ろにはね上げる足取りを自然と真似していきます。そして踊りパートと太鼓パート間で見合ったり聴き合ったりしないとうまく合わないことに気づいて、演奏しながら他のメンバーを見るようになります。そして、グループ内で動きや音によるコミュニケーションが行われ、多感覚を使ってお囃子に通底する［基層的リズム］をメンバー全員が感じ取ることができるようになったのです。

　対面して互いに姿を見合って足取りの模倣や変形をするということは身体的なコミュニケーションといえます。身体的コミュニケーションは「織り込まれた知性」を覚醒することにつながります。そして、それによって子ども同士の結びつきがつくられ、その場に共同体とでもいえるような共有感をもたらすのです。

⑥　地域文化としての郷土の音楽の教育的価値

さて、これまで、文化の伝達と再構成はいかに両立するのだろうかという問いを追ってきました。その答えを最後に提示しておきます。それは、子どもに潜在する文化の「織り込まれた知性」を発揮させることで可能となるということです。

「織り込まれた知性」は、地域文化という環境側にあるだけでなく、そこに生活している子どもの身体にも潜在的に織り込まれているものでした。それは、子どもが地域文化にかかわるときのかかわり方に顕在化されてきます。子どもは地域文化の「織り込まれた知性」に働きかけられること（伝達）により、自己に潜在していた「織り込まれた知性」を覚醒させ、今を生きる自己の感性を働かせてそこに新たな意味を生成（再構成）してお囃子のパフォーマンスをします。それは単なるお囃子の再現行為ではなく、再構成といえるでしょう。

地域文化の教育的価値として、地域文化においては文化に「織り込まれた知性」と子どもに「織り込まれた知性」が結合しやすいことから、文化の伝達と再構成の統一という課題を実現しやすいということが挙げられるのではないかと思います。文化の教育を、習熟者から未熟者へ〈伝達〉するというときに陥りやすい一方通行の教え込みではなく、子ども側に潜在する「織り込まれた知性」を発揮させ、それを生み出してきた人間の知性の働きを子どもたちに再経験させるように展開することで、〈伝達〉しつつ〈再構成〉する場が成立するのではないでしょうか。

3　生活と文化をつなぐ「郷土の音楽」の授業モデル

小島律子

郷土の音楽の教材としての価値を「生活」と「文化」から見てきました。ある地域に暮らしてきた人々の経験の成果（文化）が、同じ地域に生活する子どもに作用（伝達）し、子どもはそれによって自分に潜在していた思考や感性や行為の様式（生活を通して織り込まれた知性）を覚醒されます。そして、それを拠り所として文化を自分なりに表現する、つまり再構成します。このように、文化の伝達と再構成を両立させる教材として「郷土の音楽」が価値があると述べてきました。

このことから、文化の教育を、習熟者から未熟者へ〈伝達〉するというときに陥りやすい一方通行の教え込みではなく、子ども側に潜在する「織り込まれた知性」を発揮させる子ども主体の授業として展開することが重要となります。

ここでは、そのような生活と文化をつなぐ「郷土の音楽」の授業を行うための授業モデルを提示し、そのモデルによる具体的な指導計画を例示します。

(1)　教材「郷土の音楽」の「郷土性」

「郷土の音楽」は日本伝統音楽の特質をもつ「文化」といえます。しかし、「日本」ではなく、生活環境である「郷土」という限定から、子どもとの関係が限定ゆえの特性を帯びてきます。それを「郷土性」と名づけます。それが授業モデルの視点を導き出すので、まずは「郷土性」とは何かを明らかにしていきます。

①「郷土」と「郷土の音楽」

これまでの用語の検討から、本書では、「郷土の音楽」の「郷土」とは、大人が懐かしむふるさとという意味ではなく、今現在、学習者が日々生活している自然や社会や文化を含み込んだ環境という意味で使うことにします。すなわち「郷土」とは学習者の生活する環境であり、そして「郷土の音楽」とは学習者の生活する環境において長きにわたって伝承されてきた音楽とします(1)。

くわえて「郷土の音楽」の「音楽」とは、音響としての音楽のみを指すのではなく、そこに結びついている言葉や動きや造形物等を含みこんだパフォーマンスの総体を指すものとして広く捉えることにします。そして、このような「郷土の音楽」は「日本伝統音楽の特質」を備えているのですが、それはその地域特有の自然や社会や文化を環境としてその地域に暮らす人々の「生活経験の特質」を基盤としたものであると捉えることができます。したがって「郷土の音楽」は、その地域に暮らす人々の「生活経験の特質」を基盤とする「日本伝統音楽の特質」をもつ教材ということができます。この二つの特質が融合した性質を、本書では教材「郷土の音楽」の「郷土性」と呼ぶことにします。「郷土の音楽」の授業は、単に日本伝統音楽の学習として展開するのではなく、この「郷土性」をふまえて展開してこそ教材としての価値を発揮できると考えられます。

②「郷土性」とは

では「郷土の音楽」の「郷土性」とはどういうものになるのでしょうか。

郷土性は子どもと郷土という環境との相互作用において生み出されることから、人間と環境との相互作用をカリキュラムの構成原理に据えている「生成を原理とする21世紀音楽カリキュラム」(2)を参照しました。このカリキュラムは「人と地域と音楽」「音楽の仕組みと技能」「音楽と他媒体」という三つの柱からできています。「人と地域と音楽」は、どのような背景で音楽が生成されたのかという、音楽が生成される背景を指します。「音楽の仕組みと技能」は、音楽そのものはいかなる仕組みをもち、それを表現するにはどのような技能が求められるかという、音楽の生成そのものの姿を指します。「音楽と他媒体」は、音楽が生成されるときに色や形や動きや光といった他の表現媒体がいかに関連づけられるかという、音楽を越えた総合的な表現を指します。これら三つの柱から人間が音楽を生成するという営みを見ていこうとする立場のカリキュラムなのです。

本書では、この三つの柱を参照して、「郷土の音楽」の特性を［生活経験の時空間］［基層的リズム］［即興性］の三つの要素として整理しました。その三つの要素は三層から成る構造をもち、土台となる下層は［生活経験の時空間］、中層は［基層的リズム］、上層は［即興性］となります（図1-1）。それらは相互関連しており、その相互関連している三層の構造を「郷土性」と呼ぶことにします(3)。以下に説明をしていきましょう。

その地域特有の地形や気候、産業や歴史や文化等はそこに暮らす人々の［生活経験の時空間］を生み出し、その中で郷土の音楽は生成・伝承・再構成されます。子どもはそこに生活する存在として無意識のうちにその時空間を感じ取っています。その時空間に脈拍や呼吸のように通底して

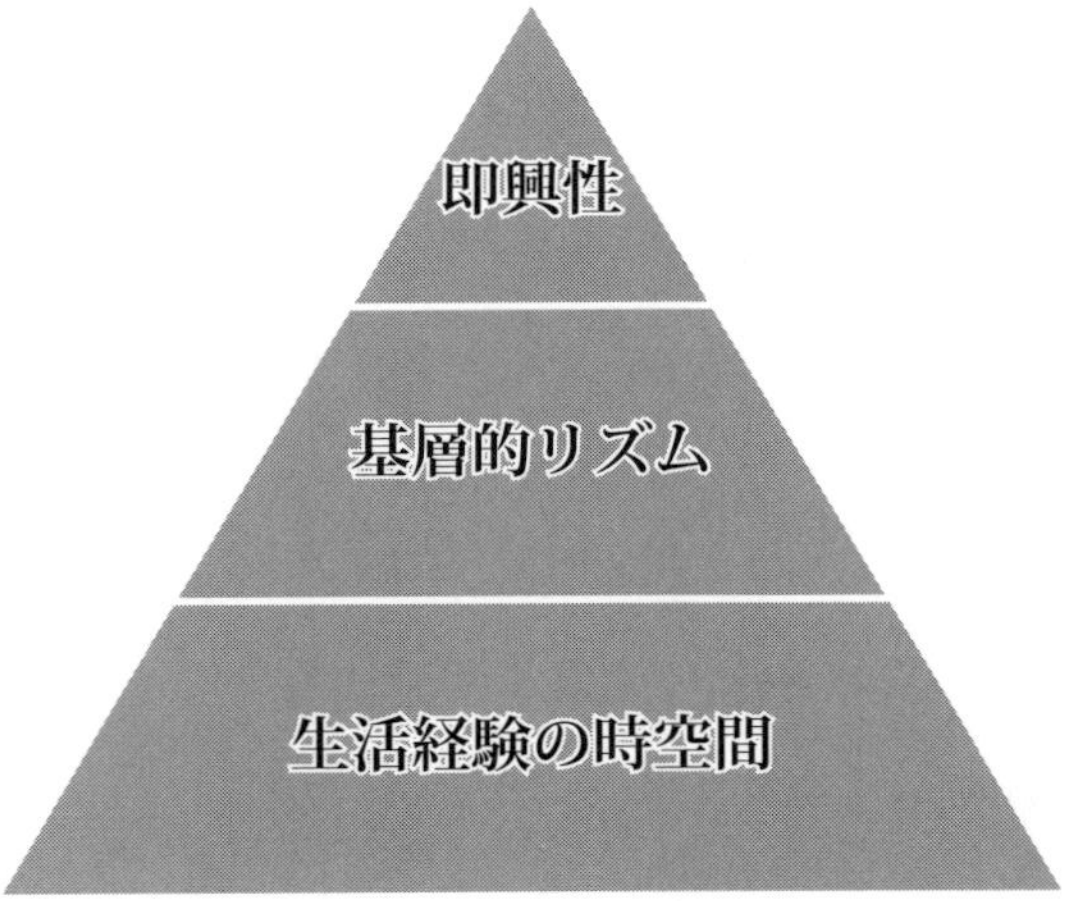

図 1-1　郷土性

いるのが［基層的リズム］です。

［基層的リズム］とは、音楽のリズムという狭義の意味の「リズム」ではなく、そこに暮らす人々の生活の様式から生み出される律動感ともいうべき広義の意味の「リズム」といえます。つまり、人間が環境と相互作用して生きていくときの相互作用のもつ特質が生み出すリズムということができます。J・デューイは、生物とその環境との関係性が経験の特質であるリズムを生み出すとし、それはあらゆる芸術や作品の基底に存在しているといい、芸術行為や芸術作品には人間と環境との相互作用のリズムが根底にあると見ています(4)。

人間は、自分たちが生活の中で経験してきた感覚や思考や感情を表現しようとするとき、表現媒体として音や色や言葉や動き等に材料を求め作品として形づくっていきます。それらの材料はただバラバラに集められるのではなく、ある律動にのって互いに協応しながら全一体としてのパフォーマンスに統合されていきます。この統合の核となっているものが［基層的リズム］と見ることができるでしょう。そして、郷土の音楽のパフォーマンスは隅々まで厳密に決められているものではないので、［基層的リズム］に支えられながら、演じ手のその場その時の気分に応じて音楽や動きや言葉が少しずつ変えられていきます。これが［即興性］になります。

以上のように、これら三つの要素は相互関連して一つの構造をなしており、本書ではその構造を「郷土性」と見ます。つまり、教材「郷土の音楽」のもつ「郷土性」とは、［生活経験の時空間］［基層的リズム］［即興性］という要素から成る構造とします。

③ 「郷土性」を基盤とする授業における生活と文化

「郷土性」を基盤とする授業というのは、日本伝統音楽という「文化」をいかに学習者である子どもの

「生活」につなげていけるのかという問いに対する実践レベルでの答えとなります。［生活経験の時空間］［基層的リズム］［即興性］というのは、郷土の音楽の特性であり、子どもが郷土の音楽とかかわるその関係のもつ特性です。郷土の音楽は、学校は学校で教科書を通して文化を学習するという教育ではなく、子どもが自分の生活経験を学校に持ち込んで、それを足場として日本伝統音楽という文化を学習することを可能とする教材であるということができるでしょう。そこに文化と生活とのつながりが成立すると考えられます。

(2)「郷土性」を基盤とする授業構成モデル

一般的には、郷土の音楽の授業構成をする場合、うたや楽器を指導していく手順として授業構成をしがちです。そうではなく、この［生活経験の時空間］［基層的リズム］［即興性］という「郷土性」の要素を意識して授業構成をすることで、郷土の音楽と子どもとの相互作用の特性である「郷土性」を基盤とする授業が可能になります。そこで「郷土の音楽」を教材としたとき、どのように授業構成をしたら「郷土性」を生かした授業構成になるのかを考え、授業モデルを提示します。

① 授業構成の視点

「郷土性」の構造から、授業構成するときに考慮すべき視点として二つを導き出すことができます。

一つ目は、教材とする郷土の音楽の「全体像のイメージ形成」という視点です。それには、郷土の音楽そのものだけを背景から切り取って教材として教室に持ち込むようなことをせず、教材とする郷土の音楽が現実世界で実際に展開されている状況を、例えば映像等で提示し、子どもたちが目や耳を使って直接的経験をしてこの状況の全体的なイメージを形成するようにします。なぜならその状況は［生活経験の時空間」が支えている状況であるので、どこかに子どもの生活経験とつながる事象が存在するからです。ここで子ども一人ひとりに何らかの形で自己の生活と教材とのつながりを付けさせることが重要となります。

具体的には、パフォーマンスの映像を見せるというやり方があります。もちろん映像はその地域で実際に為されているものでなければなりません。そして、映像について教師が歴史等の背景を言葉で説明するのではなく、子ども自身が目で見、耳で聴いて、映像から何かに気づき、それにつながる自分の生活経験を想起することが重要となるのです。

二つ目は、郷土の音楽の核となる「［基層的リズム］の把握」という視点です。それは、［基層的リズム］をより明白に体現している要素をパフォーマンスから特定し、それを身体の動きを通して身体の次元で把握させるようにします。郷土の音楽は、音や言葉や動きや色彩等、表現の媒体が複数融合されたものが多いです。その融合の核になる律動が［基層的リズム］であり、［基層的リズム］はそこに生活する人々の生活経験のリズムであり、音楽と生活を結びつけるリズムと見ることができます。

具体的には、映像から［基層的リズム］を体現している音が明瞭に聞こえてくる場合は、映像の音に合わせて身体の同調を引き出すやり方があります。いろいろな音が混じり合って明瞭ではない場合は、［基層的リズム］がより感じられる楽器の口唱歌を唱え、踊りの足取りをやってみるというやり方もあります。

そして、そのような身体の次元での把握を土台として、［基層的リズム］がいかに表現の諸要素をかかわらせているか、身体と感覚器官を通して知覚・感受・理解させます。これは日本伝統音楽の学習といえますが、［基層的リズム］を核とすることから「郷土性」を基盤とする学習となります。

そして、このような郷土の音楽を形づくっている要素および諸要素の関連の知覚・感受・理解の学習においては、イメージを意識させることが重要となります。例えば、どんどこ船のお囃子を演じるときに、お囃子の太鼓のリズムの特質を知覚し、「川の水がぱっしゃとはねる」というイメージをもつと、どんどこ船の櫂を漕ぐ動作も意味をもってくるのです。ここでのリズムのたたき方は伝承されてきた一定の型です。この決められた型に子どもが自分自身の意味づけをすることが大事になります。イメージをもつということは意味づけることであり、イメージは生活経験を源泉として形成されるものであります。演ずるときにイメージを大事にすることは、生活経験に基づくパフォーマンスを保証するということになるのです。つまりそこに［生活経験の時空間］の要素がかかわってきます。

そして、このように［基層的リズム］を核として郷土の音楽を形づくっている要素および諸要素の関連の知覚・感受の学習をしていく中で、個々人の感性に基づく［即興性］が発揮されると予想されます。

② 「郷土性」を基盤とする授業構成モデル

この授業構成の二つの視点より、次のような「郷土性」を基盤とする授業構成モデルが提案できます（表1‐1）。単元は「経験―分析―再経験―評価」という枠組みを使用しています。この「経験―分析―再経験―評価」は、学習者が主体となって教材との経験（相互作用）をつくりかえていくという、J・デューイの経験の再構成を原理としたものです(5)。学習者に潜在している「織り込まれた知性」（二六頁参照）を発揮させるには、学習者が学習の主体となる必要があります。

【経験】で学習の対象と相互作用をし、【分析】でその相互作用を反省（リフレクション）して自分にとっての意味を見いだします。【再経験】でその意味を意識して【経験】での相互作用を再度行います。【評価】で自分の相互作用を反省し、相互作用を通して得たことや課題を自覚します（表1‐1）。

表 1-1　「郷土性」を基盤とする授業構成モデル

過程	学習活動	郷土性
経験	教材の全体像のイメージを形成し，［生活経験の時空間］を意識する。 ［基層的リズム］を身体性を十分に働かせて経験する。	［生活経験の時空間］ ［基層的リズム］
分析	［基層的リズム］を体現している要素および諸要素の関連（指導内容）を知覚・感受し，イメージをもつ。	
再経験	［基層的リズム］を核として，自分の感性によって表現を工夫して演じる。	［即興性］
評価	この教材への自分のかかわり方をメタ認知する。	

表 1-2　指導計画

過程	学習活動	学習活動の例
経験	①　教材の全体像のイメージを形成し，［生活経験の時空間］を意識する。 ②　［基層的リズム］を身体性を十分に働かせて経験する。	○本番の映像を視聴し，気づきなどを出し合う。 ○音楽に合わせて動いたり，口唱歌を唱えたりする。
分析	③　［基層的リズム］を体現している要素および諸要素の関連（指導内容）を知覚・感受し，イメージをもつ。	○比較聴取によって，特徴的な音楽の構成要素および諸要素の関連（指導内容）に注意を向けて聴き取り，それが醸し出す雰囲気を感じ取ってイメージをもつ。
再経験	④　［基層的リズム］を核として，自分の感性によって表現を工夫して演じる。	○イメージを基にグループで自分たちのパフォーマンスを創意工夫する。
評価	⑤　この教材への自分のかかわり方をメタ認知する。	○パフォーマンスをその表現意図とともに発表し合い，交流する。 ○批評文を書く。

(3)「郷土性」を基盤とする授業構成モデルによる指導計画

① 指導計画

表1-1の授業構成モデルに基づいて、具体的に指導計画を作成してみました（表1-2)。ただし、この指導計画は一例であって、そのバリエーションは多様にありえます。

ところで「郷土の音楽」の授業デザインにおいては、地域の伝承者との協働が必須となります。伝承者との協働は、単に実技の提示・伝授に留めず、授業デザインの過程に組み入れるようにします。具体的には、授業実践の前に伝承者とワークショップを企画し、教師が実技指導を受ける、そこで伝承者との対話を通して［基層的リズム］を体現している音楽的要素を特定する、そしてその要素を指導内容とし、指導内容に即した比較聴取の音源やインタビュー動画を作成する、必要に応じて授業でのゲストティーチャーを依頼する等があります。

【経験】

まずは「これはこんな祭り（あるいは行事）なんだ」と、子どもが教材となる芸能の全体像をイメージできるようにします。

そのための方法として映像を見せるというものが多いですが、全体像といっても最初から最後まで全部見せるという意味ではなく、指導内容として設定した音楽的要素が知覚しやすい場面を中心に一、二分の長さで十分です。神輿や踊りやお囃子や観客そして風景など、その芸能を構成しているすべての要素が映っているものが望ましいです。ここで芸能の全体像をつかんでおくことで、あとでその中の特定の要素や役割を経験する活動をするときに、それが全体のどこに位置するのかがわかり、活動のイメージがわきやすいのです。

映像を見ることで子どもは何らか自分の生活とつながる事柄を見つけるでしょう。いつも通っている道でやってるな、もう少し行くと屋台が出ていたな、とか、それらを教室で出させるようにします。子どもたちは同じ地域に住んでいるので、ぼくも屋台でリンゴ飴買ってもらったとか、そこで子ども同士で話がつながっていきます。子ども同士がコミュニケーションできるような場をつくります。そして自分たちの［生活経験の時空間］にこの芸能が存在するのだということを意識させます。

それともう一つ、ただ映像を見るだけでなく、自分たちも身体を動かして［基層的リズム］を感じ取ることがここでのねらいとなります。子どもたちは映像を見ているだけで［基層的リズム］を感じ取って自然と腕や指先が動いてきます。［基層的リズム］はすでに生活で馴染みのあるものだからです。そこで、映像に合わせて口唱歌を唱えたり、掛け声を入れたり、足取りをしたり、誰もがすぐに簡単にできる活動をして、子どもたちも何らかの形でこの芸能に参加しているような経験をさせます。

【分析】

【経験】では口唱歌を唱えたり、足取りを踏んだりしました。ただ、そのときは対象と一体となって活動すること自体が目的であり、自分のしていることの音楽的意味はまだ意識されていません。そこで【分析】では、そのことの音楽的意味を意識することが目的となります。つまり【経験】での活動を反省（リフレクション）してその意味を知ることが目的となります。

そのために、対象全体を漠然と捉えるのではなく、その中の特定の音楽的要素に集中して耳を傾ける必要がでてきます。ここが音楽科としての学習の要となるところです。

指導内容を音楽的要素の「音の重なり」すなわち「鉦のリズムと掛け声の重なり」とするとします。そして、鉦のリズムがそのお囃子の［基層的リズム］を体現していると判断したなら、【経験】では映像に合わせて鉦の口唱歌を唱えるという活動をさせます。そして【分析】では、「音の重なり」がどうなっているかを、子ども自身が注意を向けて知覚するようにもっていきます。そのための方法として、例えば「比較聴取」があります。鉦だけ鳴っているときと、鉦に掛け声が重なったときとを比べて聴きます。子どもは、鉦に掛け声が入って重なると音楽がどう変化するかに注意を向けて音源を聴きます。どこで変わるかな、どう変わるかな、という問いをもって音楽を聴くので「音の重なり」が意識でき、「掛け声が重なると、鉦だけだったよりもワイワイいっている様子になる」というイメージが出ます。「あっ、掛け声が重なった」と知覚して、それで音楽がどういう感じに変わったかイメージをもって感受するのです。これが知覚・感受という音楽特有の認識の様式となります。

ここで「掛け声が重なると、鉦だけだったよりもワイワイいっている様子になる」というイメージをもったことは、その子にとっての音楽的意味といえます。ここでの鉦のリズムは伝承されてきた一定の型です。この決められた型によるパフォーマンスに自分自身の意味づけをしていくことが大事なのです。イメージをもつということはすなわち意味づけることであり、そして、イメージは生活経験を源泉として形成されるものです。演ずるときにイメージを大事にするということは、生活経験に基づくパフォーマンスを保証するということになるのです。

つまり、【分析】では、［基層的リズム］を体現している要素および諸要素の関連、すなわちこの単元の「指導内容」と設定したものを知覚・感受し、イメージをもつということが趣旨となります。

【再経験】

次には、【分析】の知覚・感受でもったイメージを基にして、【経験】でやっていたような活動をもう一度行います。「再」経験するわけです。もう［基層的リズム］はしっかりとつかんでいるので、その律動にのって自分の感性を働かせてパフォーマンスの表現を工夫していくことになります。

先の例で「掛け声が重なると、鉦だけだったよりもワイワイいっている様子になる」とイメージをもった場合、子どもは音が重なっていることを知ったので、掛け声をかけるときにもうまく重なるように他者の口唱歌を聴きながら重ねるようになります。ここにパフォーマンスの技能的な側面の向上が期待されます。

そして、口唱歌を反復するうちに自分の感性で微妙に言い方や緩急を試してみます。掛け声役は、相手方の緩急を感じ取ってそれに合わせるように、掛け声の勢いを変えていきます。これらは［即興性］といえるでしょう。［基層的リズム］に身体を同調させる活動の中でイメージをもつと、個々人の感性に基づく［即興性］を発揮することが可能となってきます。

【評価】

そして【再経験】で工夫してきたパフォーマンスを発表し合います。表現者は自分たちの表現意図を聴き手に伝えます。聴き手は、その表現意図と照らし合わせてパフォーマンスを受け取り、自分がどう受け取ったかを表現者に伝えます。

また、鑑賞の場合は、教材となった「郷土の音楽」の自分の味わいを文字にした批評文（紹介文）を書くことが多いです。文字で書きにくい場合は、イラストやポスターを描くという活動もあります。ただ、絵を描くにしてもそこに文字で説明を付けることは大事なことになります。文字は思考の道具であることから、自分の知覚・感受したことを総合して作品に対する解釈を生み出し、他者に伝えようとする行為は思考力育成に大きく寄与します。

パフォーマンスにしても鑑賞にしても、ここで他者の目を入れることで、この教材への自分のかかわり方をメタ認知することが可能となります。それが「郷土の音楽」への次なるかかわり方となって生きていくことが期待されます。と同時に、ここは教師にとって子どもの学習状況を評価する場となります。ねらいがどのように実現されたのか一人ひとりの子どもについて見ていくことが必要となります。

注

1　学校教育におけるこれまでの「郷土の音楽」

(1) 日本学校音楽教育実践学会編『音楽教育実践学事典』音楽之友社、二〇一七年、一一六頁。
(2) 小島美子「日本の伝統音楽の種類と楽器」峯岸創監修・編『日本の伝統文化を生かした音楽の指導』暁教育図書、二〇〇二年、一六八－一七四頁。
(3) 山本宏子「十二、民俗芸能」音楽之友社編『日本音楽基本用語辞典』音楽之友社、二〇〇七年、一四四頁。
(4) 小島美子前掲、一六八頁。
(5) 伊野義博「郷土の音楽―その特性と教材性」『学校音楽教育研究』第七巻、日本学校音楽教育実践学会、二〇〇三年、一五八頁。

〈参考文献〉

・伊野義博「郷土の音楽―その特性と教材性」『学校音楽教育研究』第七巻、日本学校音楽教育実践学会、二〇〇三年、一五四－一六五頁。

・小島美子「日本の伝統音楽の種類と楽器」峯岸創監修・編『日本の伝統文化を生かした音楽の指導』暁教育図書、二〇〇二年、一六八－一七四頁。

2 「郷土の音楽」の教材としての価値

(1) 飯島敏文「郷土教育における『郷土』の意義─三澤勝衛の郷土教育論を手がかりに─」『名古屋大学大学院教育学研究科教育論集』第三三号、一九九〇年、八－九頁。

(2) 三枝孝弘・日比裕・愛知県宮崎小学校『日常的事例の発掘と社会科授業』明治図書、一九七九年、一一二頁。

(3) 飯島敏文「統合教科の内容構成原理に関する考察─郷土科教授および事実教授における内容構成の基礎となるもの─」『大阪教育大学紀要第Ⅴ部門』第四一巻第二号、一九九三年、一九三頁。

(4) 池野範男「地域研究型総合学習」日本教育方法学会編『現代教育方法事典』図書文化、二〇〇四年、二八二頁。

(5) 小島律子「郷土性を基盤にした『郷土の音楽』の授業構成─子どもの生活経験と音楽科授業との結合─」『大阪教育大学紀要総合教育科学』第六六巻、二〇一八年、四九頁。

(6) 小島律子「学校での構成活動による地域伝統文化の伝承と再構成」『大阪教育大学紀要第Ⅴ部門』第六四巻第二号、二〇一六年、二七－三四頁。

(7) www.cscd.osaka-u.ac.jp/user/rosaldo/050228ty.html（二〇一八年四月二二日参照）。

(8) Ｊ・デューイ（河村望訳）『自由と文化　共同の信仰』人間の科学社、二〇〇一年、二四頁。

(9) 早川操「デューイの『織り込まれた知性』から見た文化の地平」『日本デューイ学会紀要』第四五号、二〇〇四年、九七－一〇五頁。

(10) 小島律子前掲、二〇一六年。

〈参考文献〉

・神田嘉延「地域風土からの教育創造─三澤勝衛の教育論から─」『南九州大学人間発達研究』第三巻、二〇一三年、一九

－三六頁。

・生澤繁樹「デューイの文化論の再検討―文化の伝達とコミュニケーションの再構成―」『日本デューイ学会紀要』第四九号、二〇〇八年、一五一－一六三頁。

3　生活と文化をつなぐ「郷土の音楽」の授業モデル

(1) 小島律子・藤本佳子「音楽科教育における『郷土の音楽』の指導内容モデル―お囃子の教材化における郷土性に着目して―」『教科教育学論集』第一四号、大阪教育大学教科教育学研究会、三四頁。

(2) 「21世紀音楽カリキュラム」とは、日本学校音楽教育実践学会の、五年間の、幼稚園から高等学校まで一貫したカリキュラム開発プロジェクトの成果である。人間が外部世界に音楽を生成することと連動して自己の内部世界を新たなものとして生成していくという「音楽の生成」を原理としている。その成果は日本学校音楽教育実践学会編『生成を原理とする21世紀音楽カリキュラム』東京書籍、二〇〇六年として出版されている。

(3) 小島律子「郷土性を基盤にした『郷土の音楽』の授業構成―子どもの生活経験と音楽科授業との結合―」『大阪教育大学紀要総合教育科学』第六六巻、二〇一八年、五四頁。ここで考察の対象となっているのは郷土の音楽の中でもお囃子が中心である。歌舞伎や文楽という古典芸能を基にした郷土の音楽については今後の課題となっている。

(4) J・デューイ（鈴木康司訳）『芸術論―経験としての芸術』春秋社、一九六九年、一六三頁。

(5) 小島律子「4　経験の再構成としての授業展開」小島律子編著『音楽科　授業の理論と実践』あいり出版、二〇一五年、六四－六六頁。

第Ⅱ章　「郷土の音楽」の教材開発の方法

1　教材研究の視点

鉄口真理子

郷土の音楽は人々の生活経験から生み出され、伝承されてきた音楽です。そのため、音楽が生まれた土地の風土や生活、文化と切り離して教えることはできません。音楽と風土や生活や文化との関連に着目したカリキュラムとして、「生成を原理とする21世紀音楽カリキュラム」(1)があります。このカリキュラムは「生成の原理」に基づく教科内容を三つの柱で構成しています。三つの柱とは、音楽生成の背景としての「柱1　人と地域と音楽」、音楽そのものの成り立ちとしての「柱2　音楽の仕組みと技能」、表現における音楽と音楽以外の言葉や色や動きの関連としての「柱3　音楽と他媒体」です。

本書では、このカリキュラムを参考にし、「郷土の音楽」の特性をふまえた教材研究の視点を「音楽としてのおもしろさ」「音楽と他の表現媒体との関連」「パフォーマンスを支える背景」と設定しています。

授業者が教材研究をする場合、まずは「音楽としてのおもしろさはどこにあるのか」を鳴り響く音楽から聴き取ることが第一となります。これは「柱2　音楽の仕組みと技能」にかかわります。そして、郷土の音楽は音楽のみでは存在せず、多媒体によるパフォーマンスとして存在します。そこで「パフォーマンスにおいて音楽は他の表現媒体とどのように関連しているのか」を見ます。これは「柱3　音楽と他媒体」にかかわります。そして、郷土の音楽はその土地の風土や生活、文化を土壌として生成・伝承されることから「パフォーマンスを支えている背景には何があるのか」を見ます。これは「柱1　人と地域と音楽」にかかわります。

以上の三つの視点から郷土の音楽を捉え、捉えた内容を相互に関連づけることで、郷土の音楽を教材として授業デザインするときの軸となる指導内容が明らかになってくると考えられます。そこで三つの視点について具体例を挙げて説明していきます。

(1)　音楽としてのおもしろさ

郷土の音楽はそれぞれ独自のおもしろさを備えています。おもしろさとはそのパフォーマンスの特徴から生み出されるよさのことです。そのおもしろさがどこにあるかを音楽面から特定します。おもしろさを特定するために音楽のどこに注目したらよいのかをいくつか挙げておきます。

①〔基層的リズム〕を体現している音楽的要素

郷土の音楽にはその地域の生活経験が生み出す独特のリズムが通底しています。これが〔基層的リズム〕です。〔基層的リズム〕は律動的な動きであり、音としては聞こえてきませんが、実際に使われる楽器やうたや踊りなどはそれを体現しています。例えば、天神囃子の「テンツクテンツク　スッテンテンツク　テンツクスッテンテン」という太鼓のリズムの繰り返しは、他の楽器がそのリズムにのって重なるので〔基層的リズム〕を体現していると捉えられます。まず〔基層的リズム〕をより明白に体現している楽器やうたの音楽的要素を特定します。

②〔基層的リズム〕に重なる楽器や掛け声やうた

郷土の音楽は、民謡ではうただけ単独で存在する場合もありますが、多くは楽器やうたや言葉が重ねられて存在します。それらの重なりは音楽的要素でいうならば「音の重なり」とか「テクスチュア」とされます。例えば布団太鼓囃子唄は「スッテンドン　スッテンドン　スッテンドン　ドン　ドン」という太鼓のリズムに「石山の秋の月～」といううたが少しズレて重ねてうたわれます。〔基層的リズム〕を体現しているリズムに何が重なってどのような表現効果を生み出しているかを確認します。

③　状況に応じた音楽の変化

郷土の音楽は演奏される場や状況によって途中でリズムや速度が変化するものがあります。例えばだんじり曳行《えいこう》では、道路の広さや状況、家々との交渉、宮入《みやいり》の披露といったさまざまな条件によって速度が変化します。特に一番盛り上がる宮入の場面では鳥居の前で何往復もしながら最後は勢いよく鳥居に入っていきます。このような演じられる状況に応じて音楽がどう変化しているかを確認します。

(2)　音楽と他の表現媒体との関連

郷土の音楽は、音楽だけでなく、リズムにのって踊りや演技をしたり（動き）、掛け声やうた（音楽・言葉）を重ねたりするものが多く見られます。つまり、表現媒体として音だけでなく、身体の動きや言葉や飾りなどの色彩や形が使われるのです。それらの表現媒体は［基層的リズム］によって関連づけられ統合されて一つのパフォーマンスを構成します。表現媒体がいかに関連しているのかを把握するためにパフォーマンスのどこに注目したらよいのかいくつか挙げておきます。

①　表現媒体間のリズムの相乗作用

パフォーマンスでは、踊りの足取りや演技の身振りはリズムに合っており、逆にリズムは踊りの足取りや演技の動きに合うように演奏される、というように、音楽と他媒体との相乗作用が見られます。例えば、天神囃子のパフォーマンスでは複数の太鼓が「テンツクテンツク　スッテンテンツク　テンツクスッテンテン」というリズムを繰り返し演奏し、それに合わせて梵天、獅子舞、傘踊りが行列になってステップを踏みます。このとき、踊り手の足取りが踏み出すときや揃えるときの重みと太鼓の「テン」の強調が同期しています。同期しているところを見ることで、音楽と他媒体の相乗作用を捉えることができます。

②　思いやイメージの表現方法

パフォーマンスに込められた願いや思いを表現するときに、音楽や動きや言葉の抑揚等の表現媒体を関連させた表現が見られます。複数の媒体で同じ意味内容やイメージを表現することによって表現が強調されます。例えば、杭全《くまた》神社の御田植神事の謡いでの、籾殻を蒔く大きな腕の振りという所作（動き）と謡いの「まこぉおよぉ〜」（蒔こうよ）という大きな抑揚（言葉・音楽）はいずれも稲がより大きく育ってほしいという願いを表現しようとした表現です。演じ手の思いやイメージの表現方法として音楽と他媒体の関連を見ることができます。

(3)　パフォーマンスを支える背景

パフォーマンスはその地域の風土や社会を土壌にして生成・伝承されていきます。その背景を把握するために、地域の環境のどういう側面に注目したらよいのかいくつか挙げておきます。

①　地形的側面

地形によって特徴が形づくられる音楽があります。例えば、四輪だっただんじりが山道に適した二輪のだんじりへと変形され、ゆったりした揺れを生み出す囃子となったと推察されるやぐら囃子です。また農村歌舞伎のように山に囲まれた厳しい自然環境という地形や気候によって伝承が保持されてきたものもあります。

②　生活的側面

遊びや仕事等の人々の生活から生み出される音楽があります。例えば、船場の商家に丁稚や女中として働く子どもたちが通り名を覚えるために生まれたといわれる船場通り名覚えうたです。

③　文化的側面

音楽を生成・伝承してきた人々がよいと感じる感性によってパフォーマンスを変形することで音楽の特徴が形づくられてきたものがあります。例えば伊勢大神楽に由来するといわれながらも、大阪に伝わったときには大阪の人々に好まれるように軽やかな曲調になっていったといわれる天神囃子です。

④　歴史的側面

古くから行われていた祭礼行事に由来し、生成・伝承されてきたものがあります。例えば、三〇〇年以上も前から豊作祈願、慈悲の儀式等のために行ってきた月見祭に由来する布団太鼓のお囃子と唄、あるいは田楽に由来し、五穀豊穣を祈願する行事として四〇〇年近く伝承されてきた御田植神事の謡いです。

以上より、四九～五一頁の三つの視点⑴、⑵、⑶の関係を以下のように整理することができます。

郷土の音楽のパフォーマンスには［基層的リズム］を体現している音楽的要素があります（①）。音楽は［基層的リズム］を基に他の表現媒体と関連づけられ、一つのパフォーマンスとなります（②）。パフォーマンスはその地域に特有な地形・生活・文化・歴史を背景として生成・伝承されるのです（③）。

2　指導内容と評価

鉄口真理子

⑴　指導内容の設定

指導内容は一つの単元において子どもが何を学ぶのか、指導者が何を指導するのかを焦点化し、子どもに音楽科の学力を育成するために設定するものです。音楽科の学力の核となるのは知覚・感受する力です。「音楽としてのおもしろさ」として見いだした鉦や太鼓やうたのリズム、重なり、変化等の音楽的要素を知覚・感受し、表現を工夫して演奏したり味わったりすることで音楽科の学力は育成されます。ただし、前述したように、郷土の音楽において「音楽としてのおもしろさ」は音響だけで成り立っているわけではありません。他の表現媒体と関連づけられ、そして、その地域の風土や社会という背景に支えられています。したがって単元の軸となる指導内容を設定する場合は「音楽としてのおもしろさ」を「音楽と他の表現媒体との関連」と「パフォーマンスを支える背景」を関連づけて考慮することが必要となります。そこでいかに指導内容を設定したらよいのか具体的に述べていきます。

各事例の指導内容とされているものを表2-1に示しました。「太鼓と鉦のリズムの変化」「間《ま》」「はねるリズム」「語りと三味線の重なり」等、ここに

表 2-1　各教材の指導内容

	教材	指導内容
事例 1	平野郷夏祭りだんじり囃子	速度の変化
事例 2	天神祭どんどこ船囃子	太鼓と鉦のリズムの変化
事例 3	布団太鼓囃子	うたと太鼓のリズムの重なり
事例 4	農村歌舞伎	間
事例 5	船場通り名覚えうた	はねるリズム
事例 6	平野郷夏祭りだんじり囃子	鉦と囃子詞の重なり
事例 7	布団太鼓囃子	うたと太鼓のリズムの重なり
事例 8	平野郷夏祭りだんじり囃子	速度の変化
事例 9	御田植神事の謡い	言葉の抑揚
事例 10	天神祭天神囃子	太鼓のリズム
事例 11	《丹波流酒造り唄》〈仕舞唄〉	音頭一同形式
事例 12	文楽《新版歌祭文》〈野崎村の段〉	語りと三味線の重なり
事例 13	やぐら囃子	笛と太鼓の重なり

挙げられた指導内容は音楽的要素を示しています。これらは「音楽としてのおもしろさ」を視点として見いだされたものです。ただし「音楽としてのおもしろさ」といっても複数の音楽的要素が候補として挙げられます。そのうち、指導内容に設定するためには「音楽と他の表現媒体との関連」と「パフォーマンスを支える背景」の視点から捉え直す必要があります。「音楽と他の表現媒体との関連」と「パフォーマンスを支える背景」によりかかわりの深いものを指導内容として選択することになります。具体例で示してみましょう。

「音楽としてのおもしろさ」は［基層的リズム］と本質的に関係しています。天神囃子を例にとってみます。天神囃子で目立つ音響の一つには太鼓があります。太鼓のリズムに注目すると天神囃子に通底する［基層的リズム］の律動が感じられます。そこで、太鼓のリズムを［基層的リズム］を明白に体現しているものではないかと判断します。

次に、太鼓のリズムと他媒体との関連を見ます。太鼓は踊りの足取りと同期しており、掛け声は太鼓のリズムのまとまりの区切りに挿入されています。太鼓のリズムは、もともと伊勢大神楽から伝播してきたものが軽快なリズムに変容してきたという歴史上の説があるといわれています。大阪の風土に支えられたリズムといえます。そこで、太鼓のリズムを天神囃子の指導内容として設定するということになります。

では、御田植神事の謡いではどうでしょうか。御田植神事の謡いでは楽器は使われず、音楽としては声による謡いになります。謡いに注目すると、話し言葉とは違う抑揚が感じられます。シテ（主役）が「世の中の良ければ、ほながの尉《じょう》もたーれたーれ」と謡うと、地方（大勢）が「大柑子《だいこうじ》を二つ並べて福の種を蒔こうよ」と答えるというパターンが何度も繰り返されます。その謡いの声の起伏や演技の所作のゆるやかな動き等から成立している時空間には、息づかいのゆったりしたある独特の［基層的リズム］が通底しているのが感じられます。そこでこの謡いの言葉の抑揚や長短の生み出す拍のないリズムを「基層的リズム」の体現として捉え、「音楽としてのおもしろさ」として挙げます。

次に、言葉の抑揚と他媒体との関連を見ます。言葉の抑揚は、その言葉を発している地方が種籾を蒔くという所作と関連しています。言葉の抑揚は所作と同期しており、所作は言葉の抑揚と同期しています。そして、謡いの言葉の抑揚は、御田植神事が田楽という民俗芸能に由来するという歴史的背景、民衆が豊作を祈願し、神社に奉納するという文化的背景に支えられていると見ることができるでしょう。そこで「言葉の抑揚」を指導内容として設定するということになります。

このように、「音楽としてのおもしろさ」を「音楽と他の表現媒体との関連」と「パフォーマンスを支える背景」から捉え直してみると、その教材の真正性が見え、子どもに郷土の音楽を学習させる適切な指導内容を見いだすことが可能となります。

(2) 学習評価の方法

「郷土の音楽」の実践では、これまでパフォーマンスを披露すること自体に主眼が置かれる傾向にあったので、子どもの学習状況の何を評価するのか明確ではありませんでした。しかし、教科学習として実践するからには、一人ひとりの学びを把握する学習評価まで行う必要があり、また学習評価をすることで実践が発展していくといえます。

① 郷土の音楽の学習による子どもの学び

郷土の音楽を学習することで子どもは何を学ぶのでしょうか。事例においては、学習を通して子どもたちは、指導内容として設定した音楽的特徴に注意を集中し、それがどのような特質をもっているのかを知覚・感受します。そして、その知覚・感受したことを窓口としてパフォーマンスにおける他の表現媒体間の関連を意識し、子ども自身の身体感覚を発揮させ、リズムがズレてもすぐに調整する、前奏をつける等の即興性を発揮することができていました。

そして、パフォーマンスが行われる祭礼行事や芸能に込められた人々の思いや願い、背景を理解してパフォーマンスに取り組む中で、自分たちのパフォーマンスを「こんな風に盛り上げたい」等、思いや意図を伴って表現を工夫しようとする姿が見られました。これは、祭礼や行事を自分たちの文化として捉え直した姿といえましょう。

その結果、何気なく、参加したり、見たり、聴いたりしてきた郷土の音楽のよさや特徴に改めて気づき、それを生み出した自分の住む地域を見直し、愛着を増すことになったと考えられます。

② 評価の方法

ではこのような子どもの学びをどのように評価したらよいのでしょうか。

まず、指導内容として設定した音楽的特徴を知覚・感受できているかを評価します。そのための方法の一つに比較聴取があります。音楽的特徴を顕著に表す演奏と、その特徴をなくした演奏の聴き比べです。例えば、「速度の変化」が指導内容ならば、速度の変化のある演奏とない演奏を聴き比べます。聴き比べて気づいたこと（知覚）と感じたこと（感受）をシートに記述させる方法で知覚・感受を評価することができます。

そして、パフォーマンスを再構成する過程では、表現をどのように工夫しているか、また、パフォーマンスをどのように捉えているかを主に観察によって評価します。具体的には、足取りと太鼓を合わせようとしているか、即興性をどう発揮しているか、表現意図や思いやイメージを表現するためにどのような発想を提案しているか等、ここでは子どもの思考の内容および活動への意欲を見ていきます。

最終段階では、表現学習の場合は、自分たちの意図や思いやイメージを説明して発表します。ここではうたや楽器演奏の上手下手ではなく、自分の表現意図等が人に伝わるように表現できているか、という点から表現の技能を見ます。鑑賞学習の場合は、自分たちのパフォーマンスの体験をふまえて祭礼や行事本番のパフォーマンスを鑑賞し、批評文を作成します。批評文では適切な用語を使って自分の味わいを人に伝わるように書けているかという点から鑑賞の技能を見ます。

3　授業展開のポイント

廣津友香

郷土の音楽を教材とする場合、どのような点を意識して授業展開を考えたらよいのでしょうか。授業展開のポイントを［生活経験の時空間］［基層的リズム］［即興性］の観点から述べていきます。

(1)　生活経験の時空間

①　映像の視聴

子どもたちに［生活経験の時空間］を意識させるためには、本番の行事に参加することが有効ですが、現実的に学校教育においてはなかなか難しいことです。そこで、実際の行事の映像を視聴させるという方法があります。そのねらいは、地域で演じられるパフォーマンスの全体像をイメージとしてつかませることにあります。したがって、ここで使う映像は、いつもは静かな神社に人々が半被を着て踊ったり、見慣れた生活道路を神輿が通ったりしているような、子どもたちが住んでいる地域の環境や人々の生活の中で演じられているパフォーマンスの映像、しかもパフォーマンス全体の様子を捉えた映像でなければなりません。部屋の中で踊り方を順に教えているようなものや、他の地域でやっている「似たようなもの」ではねらいに合いません。地域での実際の映像を視聴させることで、子どもは行事の全体像をつかむことができ、「このお祭り、家族で見に行ったことある。リンゴ飴売ってた」「ここ、いつも初詣に行く大阪天満宮だ！」というように、その行事と自分とのつながりを見いだすことができます。

映像の視聴では、子どもが気づいたことを自由に周囲の子どもに話したりつぶやいたりしてもよい雰囲気をつくり、発言の場を設けます。子どもの発言の中で地域につながる気づきが出たら、その気づきと関連させながらそのパフォーマンスが伝承されてきた自然的、社会的、文化的背景を伝えるようにします。例えば、祭りの映像を見て「山車が上下に揺れている」という子どもの気づきから、山車の構造に注目させ、山車の車輪が四輪から二輪に移り変わったことを伝えます。さらに、なぜ四輪から二輪になったのかを考えさせる中で、「このあたりの道は細いよ」「山が多いな」と子どもの気づきを取り上げ、地域の地形的な特徴と結びつけながら、京都から和歌山を経て山々を越えて大阪の南に伝わってきたという祭りの歴史的背景を伝えることができます。

②　パフォーマンスの疑似体験

そして、映像で見たパフォーマンスを、実際に子どもたち自身でやってみるようにします。そのねらいは、自分の身体を動かしてパフォーマンスを体験してみることで、映像のパフォーマンスに自分も地域の一員となって参加しているような気持ちにさせることにあります。子どもたちの立場を、パフォーマンスを「見ている人」から「演じている人」に転換させるのです。ここでは複雑な踊りを忠実に真似させたり上手に演じさせたりする必要ありません。行事に参加しているような疑似体験をさせることが目的なのです。そのためには、パフォーマンスを演じさせる空間も考える必要があります。机や椅子を取り払い、盆踊りのときのように輪になって踊れる場とか、船を漕ぐときのお囃子を奏するならば川に船を浮かべる場とか、疑似体験のための空間づくりも重要です。

③　地域の史跡や文化財の実地見学

映像でパフォーマンスを視聴するだけでなく、そのパフォーマンスにゆかりのある史跡や文化財等が地域に実在する場合は実際に見学に行く時間を設けます。そのねらいは、子どもに自分の生活経験を意識させ、パフォーマンスと自分とのつながりを感じさせることにあります。例えば、江戸時代に農村歌舞伎が演じられていた舞台を見学に行くとします。「舞台のある神社の境内で小さい頃遊んでいたな」とか「この前お母さんと買い物に行ったとき、ここを通ったな」とか、舞台が存在している地域で自分が生活しているということを、子ども自身が思うことが大事なのです。

そのためには、音楽科だけでなく、生活科や社会科、「総合的な学習の時間」などと関連させて扱うことも有効的です。音楽科の郷土の音楽の単元が始まるまでに他教科の学習で現地を見学に行き、その見学で子どもが気づいたことや見つけたことなどと結びつけながら音楽科の学習を進めていくというように、他教科との関連も授業構成の一部として位置づけていくとよいでしょう。

(2)　基層的リズム

①　パフォーマンスの総体としての経験

［基層的リズム］とは、あるパフォーマンスの全体に通底している脈拍や呼吸のような律動のことです。その特徴によって、私たちはあるパフォーマンスと他のパフォーマンスを識別することができます。京都

に住む人は祇園囃子の音を耳にすると「これは祇園囃子だな」とわかりますし、大阪に住む人は天神囃子の音を耳にすると「これは天神囃子だな」とわかります。お囃子の太鼓や笛や鉦の音が合わさって生み出されるそのお囃子特有の律動を私たちは感じ取り、他のお囃子と識別するのです。その律動のことを本書では［基層的リズム］といっています。

この［基層的リズム］によって、音や身体の動きや掛け声や合の手の言葉などのパフォーマンスを構成する素材はバラバラにはならず、全体としてのまとまりをもつことができます。例えば、布団太鼓では、神輿をかつぐ足取りと太鼓と掛け声、そして神輿で揺れる大きな房の造形物といったさまざまな素材は「スッテンドン　スッテンドン　スッテンドン　ドン　ドン」という口唱歌に体現された［基層的リズム］にのって動きを生み出していきます。つまり、パフォーマンスにおける身体の動きとか声とか音といった複数の表現媒体は、［基層的リズム］にのることで統合されるのです。

したがって、［基層的リズム］を身体で経験するためには、複数の表現媒体を統合した形でパフォーマンスを疑似的に行う必要があります。そのねらいは、身体全体とすべての感覚器官を使って［基層的リズム］を感じることにあります。［基層的リズム］は太鼓のリズムパターンや笛の旋律といった音楽だけではなく、踊りの足取りや掛け声、神輿の動きなど、パフォーマンスの全体に表れています。そこで授業では、実際に足取りをしながら、揺れる房を目で見て、太鼓の音を聴き、掛け声を口にするという場面を設定することで［基層的リズム］を経験させていきます。つまり、音楽を音楽のみ単体で扱うのでなく、踊りや掛け声を含めた多媒体の総合的な表現としてパフォーマンス全体を疑似的に経験させる中で［基層的リズム］を捉えさせる必要があるのです。

②　パフォーマンスを構成する要素の経験

［基層的リズム］を捉えるにはパフォーマンス全体を身体で経験することが第一です。しかし、それだけでは学習として不十分です。そこで、次は、パフォーマンスを構成する要素のうち［基層的リズム］を最も明瞭に体現している要素を取り出して経験する場面を設定します。つまり、パフォーマンス全体の中の「部分」に着目させるということです。そのねらいは、［基層的リズム］を体現している音楽の諸要素の働きを意識させることにあります。いいかえれば、これまでのパフォーマンスの疑似体験を通して子どもたちが無意識に感じ取っていた［基層的リズム］を、今度は意識化させるのです。

そのためには、比較聴取という方法があります。例えば、太鼓がそのパフォーマンス特有のリズムを表現しているならば、特有のリズムを表現している打ち方の太鼓と、ただ機械的にそのリズムを打つ太鼓とを比較聴取させます。そしてこのパフォーマンス特有の太鼓のリズムを子ども自身が知覚・感受できるようにさせます。あるいは、これまでの子どもたちの踊りや演奏をビデオで録画・再生して振り返らせるなどの方法があります。自分のパフォーマンスから［基層的リズム］が感じられるかどうか振り返り、感じられないならばどう動いたらよいか、どう奏したらよいか考えるような場をもたせるのです。

ただし、要素に着目させるこのような学習は、あくまでもパフォーマンス全体とのかかわりを保ちつつ、取り出した要素に着目させることが重要です。例えば、たんに太鼓のリズムを取り出して比較させるということではなく、それまでに、太鼓のリズムを口唱歌で唱えさせ、踊りの習熟者の足取りの軽やかさを感受させ、その足取りを意識させた上で口唱歌に合わせて踊るというような活動を経験させておくようにします。このように、口唱歌と踊りを協応させて［基層的リズム］を経験する中で、パフォーマンスを構成している諸要素の学習ができるようにすることが重要となります。

(3) 即興性

郷土の音楽は、固定化されたものではありません。伝承されていく中で時代の動きや生活様式の変化に伴って変化していくことを前提としています。現実のパフォーマンスにおいても、その場の雰囲気や気分に応じて即興的に演奏や踊りが微妙に変化しています。それは、演奏者の感性や創造性の表れということもできるでしょう。そして、誰かがうたい方を変えれば、即、それに応じて太鼓の演奏も変わるように、諸媒体が連動して〔即興性〕が表れます。ただし、〔基層的リズム〕が共有されていなければ即興は生まれないです。〔基層的リズム〕にのって太鼓や鉦をたたく中で、少しためてみようとか急《せ》いてみようという気持ちが生じてくるのです。

授業においても、〔基層的リズム〕を捉えさせた上で、個々の子どもが自分のもったイメージをもとにパフォーマンスを変化させていくような〔即興性〕が発揮できる余地のある場面をつくることが重要です。〔即興性〕は、例えば、パフォーマンスの次のような点に表れる可能性があります。

① 掛け声や合いの手

例えば、祭りの場合、参加者の気持ちが一体となりパフォーマンスが盛り上がるような場面では、掛け声の言葉が変わったり即興的に合いの手が入ったりすることがあります。授業では、盆踊りの隊形にするとか、船を漕いでいるような道具立てをするとか、宮入の神社の鳥居を大きく掲げるといったように、教室空間を実際のパフォーマンスの場に見立て、クラス全体が一体となってパフォーマンスができるような空間をつくります。

②　速度や強弱

現実の祭りでは神輿を曳行する場所や時刻によって、演奏がだんだん速くなったり、太鼓を激しく強くたたいたり力を抜いてたたいたりと速度や強弱が変化することがあります。授業では、自分たちがどのような祭りをイメージして演奏をするのか、イメージする場面や場所などを絵や言葉で表させ、クラスやグループで具体的なイメージを共有させると子どもなりの表現の工夫が出てきやすく、そこに即興性が発揮されやすくなります。

③　言葉の言い回し

唱える言葉や掛け声、うたに関しては、その地域や町ごとに伝承されてきた形や言い方があります。しかし、子ども自身が「お祭りのワイワイ囃している様子を表現したい」「豊作を願う神事の厳かな気分を伝えたい」などの思いをもつと、その思いを表現するために言葉の抑揚やリズムを工夫して言葉の言い方を微妙に変化させたりするようになります。そこに即興性が発揮されるのです。授業では、どのような思いで演奏するのか、どのような演奏をしたいのかを考えることのできるプロセスを保証し、パフォーマンスに対する個々の子どもの感受を自由な表現につなぐことができるようにします。

④　「間」のとり方

「間」は日本伝統音楽の重要な要素であり、郷土の音楽においても同様に重要な要素です。パフォーマンスにおける「間」をとるとき、子どもたちは互いの目や身体の動きを見てタイミングをとったり、他の人と息を合わせるように息づかいに注意を向けたりするというように、さまざまな工夫をします。そこに生まれる「間」はそのときだけ、そしてその子どもたちだけのものであり、「即興性」の表れと捉えることができるでしょう。このように「間」をとる工夫ができるように、授業では、お互いが見えるように立ち位置を工夫したり、全身でリズムが捉えられるように立たせて活動できるようにしたりして、活動の場を配慮することが大切となります。

4　地域との協働の方法

椿本恵子

近年、学校が地域と協働することの重要性がいわれるようになってきました。中央教育審議会答申（平成二八年一二月二一日）では、学校と社会が連携・協働しながら、新しい時代に求められる資質・能力を子どもたちに育む「社会に開かれた教育課程」の実現が提唱されています。

一方、音楽科では、「音や音楽と自分との関わりを築いていけるよう、生活や社会の中の音や音楽の働きについての意識を深める学習の充実」「我が国や郷土の音楽に親しみ、よさを一層味わうことができるよう、和楽器を含む我が国や郷土の音楽の学習の充実」（平成二九年告示学習指導要領解説）が求められています。

郷土の音楽の教材化は、学校の教師一人の手に余ることであり、その伝統芸能の伝承にかかわる地域の人々に協力を求めることが不可欠となります。それは学校と地域社会との連携・協働のかっこうの機会となると考えられます。そして、連携・協働することは学校への支援となるばかりでなく、地域の伝承者にとっても伝承・普及、そして他者の目から新たな捉え直しが促されるという点で有益なかかわりになると考えられます。学校と地域が互いにかかわり合うことで、両者が意義を得る「協働」という関係を育んでいくことが重要であると考えます。

そこで、教師が地域の伝承者と共に協働して「郷土の音楽」の授業デザインを行っていくためには、以下の五点がポイントとなると考えられます。それぞれについて、筆者の経験を例にあげながら説明していきます。

(1)　フィールドワーク

まず、地域にどのような音楽が伝承されてきているかを調査・発掘し、伝承者にインタビューするところが教材化の出発点です。「郷土の音楽」はその地域の自然風土を土壌として伝承されているものなので、文献のみによる方法ではなく、どのように伝承されてきているのかを周囲の環境を含めて実際に肌で感じることが、教材化の手がかりを見いだすポイントとなります。

筆者は、平野郷夏祭りだんじり囃子の教材化を考えたとき、祭り当日に見物に行きました。実際に授業者がその場の雰囲気も含めて伝統芸能を総体として体験することが教材化の前提になります。音楽だけを聴くのではなく、祭り総体を授業者自らが参加して体験し、その中でどこがおもしろいのか、どこが魅力なのか実感することが教材化の一歩につながります。

そして、そこでは、どのような思いをもって行われているのかを祭りの主催者にインタビューしたり、祭りの見物人に参加の意図をインタビューしたりします。さらに、できれば当日だけでなく、どのように祭りの当日にむけて準備が行われているのか、どのような思いで祭り当日を迎えていくのか、さらには、どのような思いをもって継承されてきているのか、どのように発祥してきたのか、など尋ねると、その祭りに寄せる人々の思いをうかがい知ることができます。その地域の人々にとってこの祭りの意味がどこにあるかを探ることは、祭りの背景を知る上で重要となるのです。

(2) ワークショップ

祭りを総体として体験すると同時に、音楽科の授業として展開するにはそこでの音楽を構成している音楽の要素や仕組みや技能を知ることが必要です。それには伝承者にワークショップをしていただくことが有効です。ただし、授業者は伝承者にワークショップの内容すべてを任せてしまうのではなく、授業デザインを念頭において、指導内容となりうる音楽の諸要素や仕組みや技能を中心にした活動を依頼することが大事です。

筆者が体験したときは、お囃子のそれぞれの楽器の口唱歌を重ねる活動を行いました。そのことにより、各楽器のリズムパターンの重なりを実感することができ、そして、何度も繰り返される口唱歌のまとまりを捉えることができるようになり、お囃子の録音音源を聴いて教材研究をしたときとは別の次元の理解ができました。このように授業者自らが学習者役になって学ぶことで、この教材を子どもたちがどのように学んでいくのかを自らの実感を通してある程度理解することができるのです。

ワークショップでは、お囃子の打ち手とまとめ役の方に、実際に町内の子どもたちに伝承している方法でお囃子を教えていただきました。そこで、小太鼓のリズムが少々複雑であったので、そのリズムの本質を残した形で簡略化したパターンをつくっていただきました。子どもの状態を把握している授業者が、子どもの活動を想定しながら、伝承者と話し合ってパフォーマンスの素材を変形することも必要となってきます。

(3) 指導内容の設定

授業デザインでは指導内容を設定する必要があります。ただお囃子を楽器で奏して終わりにしては音楽科の授業にはなりません。指導内容を設定するために、このお囃子の本質は音楽のどこにあるのかを見いだす必要があります。授業者がワークショップを体験する中で、伝承者に相談しながら考えていくとよいのでしょう。そこでは、伝承者との対話によって、授業者自らのワークショップでの体験で感じたそのお囃子のおもしろさや魅力と、伝承者が捉えているそれとのつながりを見いだしていくことになります。

平野郷夏祭りだんじり囃子の教材化においては、ワークショップの中で筆者は「楽器の音色」「リズムパターン」「リズムパターンの重なり」がこのお囃子を特徴づける要素であると考えました。

ワークショップを通して、平野郷夏祭りだんじり囃子が「口唱歌を大切にして各楽器のリズムが伝承されてきていること」「口唱歌を唱えることからリズムパターンを体得すること」「鉦を中心に太鼓二つが演奏されていること」「お囃子に合わせて龍踊りが行われること」がわかりました。これらのことから鉦のリズムパターンを中心に、そこに太鼓のリズムパターンを重ねるという「リズムパターンの重なり」を指導内容とすることで、お囃子の音楽のおもしろさを味わうことができると考えました。そしてリズムパターンの重なりは、龍踊りを教材として身体で感じることで知覚・感受させることが有効であろうと考えました。

そこで、授業者のこのような考えを伝承者に伝えると、「鉦の口唱歌が核となることから、全員が唱えることができるようになること」「楽器を演奏する前に十分な口唱歌を唱えることができるようになること」「口唱歌のみの段階で、龍踊りと合わせることで、リズムを身体にしみ付かせること」が伝承する中で大切にしていることである、と伝承者より指導上のポイントを助言いただきました。

このような対話を通して伝承者にとっても自分たちのやっていることに新たな意味を見いだすことも起こりえます。例えば伝承者にとっては「口唱歌」を唱えながら太鼓や鉦を打つことは当然のことでしたが、実際子どもたちにとって二つを同時にするのは容易ではないので、龍踊りを取り入れてリズムを身体で感じてから打つことが有効であることを授業者が提案しました。そこで伝承者も龍踊りの動きがお囃子のリズムとどのように関連しているか改めて意識するというきっかけとなりました。また、学習後には、子どもたちから「自分も参加してみたい」「実際に見に行ってみたい」という発言が見られ、授業の様子とともに伝承者に伝えました。このような姿は、家庭と地域とのつながりが希薄になってきており、地域でお囃子を伝承していくことが難しくなってきていると感じていた伝承者にとってうれしいことであるといえましょう。

(4) 授業構成

授業構成を考えるときは、伝承者とどのような協働の形をとるかが重要になってきます。伝承者は知識も技能も豊かな熟練者です。そのことから、ともすれば授業者や子どもたちは、伝承者から知識や技能を授けてもらおうという受身の立場になりやすくなります。しかし、子どもが能動的に学習に取り組み、伝統芸能の価値を実感として理解するには、授業者が教育の専門家として、伝承者の知識や技能をどう生かすかを考えることが重要となります。

御田植神事の謡いの授業では、伝承者・子ども・授業者との間で「対話」による方法をとりました。芸能を映像で視聴して「この音楽って何?」「何をうたっているのだろう?」「これって、地域にある杭全神社かな？」と子ども自身が何か気づきます。それに対して授業者が「どんな言葉が聴こえたかな」と気づきを深めさせたり、新たな気づきを生み出す視点を提示したりすることで子どもと授業者との対話を生み出すことができます。

また、子どものこのような気づきから、授業者が「この音楽が何なのか、伝承されている方に聞いてみよう」といって、子どもたちを伝承者につなげることで、疑問を解決するための対話の場を構成することができます。また、子どもと伝承者との対話に授業者も子どもと一緒になって質問することもありえます。例えば「(歌詞にでてくる)『大柑子』って何ですか」「大きなみかんのことですよ」という子どもと地域の方の対話に対して、授業者が「なぜ、米の豊作を願ううたなのに、みかんがでてくるのですか」と質問を行います。すると、伝承者の「太陽に見立てているんです。たくさんの太陽の光が降り注ぐことで、より実ってほしいという願いが込められているのです」という答えを得ることができ、御田植神事に込められた先人の思いに迫ることができるのです。

このように子どもと伝承者との対話が生じるようにコーディネートすること、授業者も子どもと一緒に疑問を投げかけて対話が深まるようにすることが授業者の役割といえます。子どもたちの気づきを、即、その芸能についての情報につなげるのではなく、子どもたちの気づきから生まれる対話を軸にして学びへとつなげていくことが大切です。

伝承者からの技能の指導も、このような対話の筋道に即して組み入れていくことができます。映像を見て子どもから「声が高くなったり低くなったりしていた」という気づきが出た際には、授業者はその場で、伝承者に謡いの実演をお願いし、それを子どもたちに模倣させせました。すると「なんか遠くまで(福の種を)飛ばしたい気持ちになった」という演じ手の気持ちをくんだ発言が出ます。子どもとの対話の筋道に即した技能指導では、子どもが演じ手の気持ちを感受し、その気持ちの表現として謡いの練習をすることが可能になるのではと思われます。

伝承者・子ども・授業者との対話を通じて子どもたちの興味関心を引き出し、興味関心をもったところに関連づけて伝承者の知識や技能を提示していくという筋道が子どもの能動的な学習を推進すると考えられます。

(5) 教室の環境構成

子どもが伝統芸能のパフォーマンスをするとき、実際「その場」にいるような気分にさせることが重要となります。そのためには、教室にその芸能が伝承される空間を再現することが効果的であると考えられます。

天神祭りのどんどこ船囃子の実践では、ブルーシートを川に見立て、その上に船に見立てたグレーシートを敷き、その上で船にのって漕ぐことができるような模擬空間をつくりました。そこでは「水色(ブルー)はわたらないと。川はわたらないと落ちちゃうよ」「椅子のところで漕いでいるときよりも、隣の人とタイミングを合わせて漕ぎたくなったよ」というように、見立てを行う子どもの姿が見られました。それは、子どもたちが祭りの状況を見聞きしてよく知っているので、つまり[生活経験の時空間]のものなので可能となったことだと考えられます。

また、音楽室の入り口に紙でつくった鳥居を飾ると、音楽室に入ってくると神社に入った気分になり、宮入の曳行のパフォーマンスがやりやすくなるということがありました。また、大がかりなことでなくても小道具を教室に持ち込むだけでも空間は変化します。例えば祭りの笠踊りの笠とか、半被や団扇などを手にもつだけで、映像の画面で踊る人たちに混じって踊る気分になれます。子どもの方から自主的に家から半被や団扇を学校にもってくるということもありました。子どもが芸能を疑似体験することができるような環境構成をすることで、子どもは自分の生活経験を想起でき、イメージを形成しやすくなると考えられます。

そして、このような伝承の環境構成に小道具の貸し出し等、地域の協力を得ることができれば実際の芸能を疑似体験しやすくなると考えられるのです。

注

1　教材研究の視点

⑴　日本学校音楽教育実践学会編『生成を原理とする21世紀音楽カリキュラム』東京書籍、二〇〇六年。

第Ⅲ章

「郷土の音楽」の実践事例

1　授業事例

事例1　大阪平野郷夏祭りだんじり囃子

幼稚園年長
表現領域

岡寺　瞳

1　実践の概要

平野郷夏祭りのだんじり囃子は、鉦、大太鼓、小太鼓で演奏される。だんじりを曳行する町並みに応じてお囃子の速度が変化するということが特徴の一つである。

本実践では、だんじり囃子の鉦のリズムを取り上げた。まず、鉦の音に合わせて身体を動かしながら口唱歌を唱える活動を行った。そして、グループでだんじりを曳行する町並みを考え、その町並みをだんじりが曳行されるという設定で、速度を変化させて自分たちのだんじり囃子をつくった。最終的には、口唱歌によるお囃子に合わせてだんじりのペープサートを動かす役、だんじりの周囲で踊る役とに分かれて自分たちで考えたお囃子を発表した。

2　平野郷夏祭りだんじり囃子とは何か

平野郷夏祭りは、三〇〇年以上も前から大阪の平野の地域に伝わる祭りであり、毎年七月一一日～一四日に行われ、旧平野郷の町内を、九つの町それぞれのだんじりが曳行され、杭全《くまた》神社に宮入する。曳行する際に演奏されるのが平野郷夏祭りだんじり囃子である。

このお囃子は、鉦のリズムを中心に、大太鼓のリズム、締太鼓のリズムが重ねられる。各楽器のリズムは、簡単な図形譜と口唱歌《くちしょうが》によって伝承されており、本実践では、鉦の「コンジキジンジキ　ジンジキジンコン」という口唱歌を扱った。

3　教材化のポイント

(1)　音楽としてのおもしろさ

このお囃子の音楽としてのおもしろさは、速度が変化するところにあると考えた。平野郷夏祭りだんじり囃子は平野の町を曳行するとき、道路の広さや状況、また家々との交渉、宮入の披露といったさまざまな条件によって速度が変化する。そこで、本実践では速い・遅い、だんだん速くなる・だんだん遅くなるといった速度の変化を、鉦の口唱歌を唱えて踊るという活動によって経験させようとした。そこからお囃子の速度を変化させて自分たちのお囃子をつくるという活動を設定した。

(2)　音楽と他の表現媒体との関連

本実践では鉦の口唱歌を唱える活動を中心においた。鉦の口唱歌はこのお囃子の［基層的リズム］を体現したものと受け止めることができる。口唱歌を唱えることで［基層的リズム］が感受されるようになり、それにのって身体が動き出す。つまり鉦の音と身体の動きが同期している。そのため、本実践では、鉦の口唱歌と周囲で踊る人たちの足取りを提示し、模倣させた。最終発表でも足取りをさせながら口唱歌を発表させた。

(3) パフォーマンスを支える背景

本実践では、幼児がだんじりにかかわる自分の生活経験を想起しながら活動できるような環境構成を考えた。具体的には、ペープサートのだんじりが平野の町並みを通って杭全神社の鳥居に入っていくという「宮入《みやいり》」の活動を設定した。杭全神社の位置は鳥居のペープサートで示した。ペープサートのだんじりで疑似的に曳行をパフォーマンスするという活動を設定したのは、このだんじり囃子が平野の町並みを練り歩くという、自分たちの町に浸透している身近な祭りだという背景を考慮してのことである。

4 活動過程における幼児の様子

経験	○鉦の音に合わせて身体を動かしながら口唱歌を唱える。
分析	○速度が変化する口唱歌を唱えて、速度の変化に伴ってだんじりのイメージが変わることに気づく。
再経験	○グループになってだんじりを曳行する町並みを考え、速度を変化させて自分たちのだんじりのお囃子をつくる。
評価	○つくっただんじりのお囃子を交流し、活動を振り返る。

【経験】

まず、保育者が鉦で平野のだんじり囃子を鳴らし、それに合わせて「コンジキジンジキ　ジンジキジンコン」と口唱歌を唱えると、幼児たちは「聴いたことある。だんじり」と、保育者が鳴らしたものが平野のだんじり囃子であることに気づいた。これは、教材としての鉦の口唱歌が、幼児たちの［生活経験の時空間］にあるものとして意識されたということだろう。

次に、保育者は動きをつけながら口唱歌を唱えた。その動きは、だんじりの周囲で掛け声をかける人たちが踊っている足取りを単純にした動きである。動きながら幼児に一緒に口唱歌を唱えるように促すが、幼児たちは口唱歌は唱えず、鉦の音に合わせて動きを真似したり自由に動き出したりした。しばらく動いた後、「先生が何ていっているかわかる？」と問うと、動きをやめ「コンジキジンジキ……」といいだした。それに合わせて保育者も一緒に口唱歌を唱えると、ほとんどの幼児が口唱歌を繰り返し唱えるようになった。これまで生活で耳にしていた平野郷夏祭りだんじり囃子だからこそ、その［基層的リズム］にのってすぐに口唱歌を唱えることができたと考えられる。

【分析】

口唱歌に馴染んできたところで、鉦に合わせてみんなで踊っている途中で保育者は鉦を鳴らす速度を変化させてみた。幼児たちは、速度が変化すると一瞬とまどって動きを止めるが、すぐに動き出し、変化した速度にのって口唱歌を唱えていた。これは、［基層的リズム］に馴染んでいるからこそであり、速度の変化にも対応することができるというのは［即興性］と捉えることができるだろう。

次に、だんじりの映像を見せ、だんじりに行った生活経験を想起させると、「お父さんとお母さんと一緒に行った」「だんじりのタイヤは木からできているから、こすれている跡見たことある」「K商店街の道路を通るとき、急ブレーキのだんじりの足跡がついている」といったように、生活の中での幼児にとってのだんじりとのかかわりについて口々に話す姿が見られた。ここに［生活経験の時空間］が見られる。

次に、平野のだんじりは速度を変化させながら練り歩くということを伝え、だんじりのペープサートと鳥居のペープサートを用意し、保育者が、口唱歌の速度を変化させながらだんじりのペープサートを動かしていき、鳥居に宮入する様子を再現してみせた。幼児たちは「最初はゆっくりで最後速くなった」というように、速度の変化に気づいていた。

【再経験】

平野のだんじりが、狭い道路や広い道、曲がり角といった道の状態や、宮入するという目的によって速度が変化するということを確認した後、六人ずつグループをつくらせ、だんじりのペープサートを動かす人、口唱歌を唱える人、踊る人という役割になって宮入までの道のりを考えるよう促した。幼児たちは、「角を曲がって速くなったらしんどいからな、ゆっくり行って、もう少し行ったら、速くする」というように、机の角を道路の曲がり角に見立てて、口唱歌の速度を変化させている姿が見られた。ここには［生活経験の時空間］［基層的リズム］［即興性］のかかわりが見られる。

【評価】

グループ発表では、自分たちで考えた町並みを説明してから、つくったお囃子を発表した。あるグループは「商店街を通って（曲がり角を含む）、半被屋さんを通って宮入する。曲がり角では遅い速度になる」と自分たちが考えた町並みを説明した。速度を変化させるときは、だんじりのペープサートは拍をとっておらず、速く動かす、遅く動かすという動きであった。しかし、だんじりのペープサート以外の役割の幼児は、だんじりにじっと注目し、拍がなくなっても二人で唱える口唱歌がずれることはなく、踊りも口唱歌に合わせて動くことができていた。ここでも［生活経験の時空間］［基層的リズム］［即興性］のかかわりが見られる。

5　イメージ形成のための環境構成

本実践の最初の幼児の姿は、自分のできるやり方で、見よう見まねで鉦の音を聴きながら手や足を動かすというように、衝動や興味が発揮された姿であったといえる。そして、この衝動的に手足を動かす最初の段階の表出は、最終的にイメージを介在とした表現になっていった。

それには、幼児の生活経験と結びつけた環境構成が関係していたといえる。例えば、だんじりの映像を見せ、だんじりに行った生活経験を想起させるという環境設定がそれにあたる。ここでは、幼児は「K商店街の道路を通るとき、急ブレーキのだんじりの足跡がついている」というように生活における幼児にとってのだんじりとのかかわりについて話す姿を見せた。そして、その後だんじりの通る町並みを想定するときに半被屋や商店街といったイメージが出てきた。つまり、だんじりを自分の生活経験と結びつけることができたことからイメージが形成され、イメージを介した表現へと変わっていったと考えられる。

そこでイメージをより具体的にする今後の手だてとして、ペープサートのだんじり曳行を行うときに、模造紙を置いて、町の通りについて思い思いに描かせてみてはどうかと考える。幼児たちが、模造紙に書かれた道沿いに、お店だけでなく、橋やら川やら思いつくものをどんどん描いていくことで、だんじりの通る情景のイメージがより具体的に、詳細になっていくのではないか。そして、自分が描いたところをペープサートのだんじりが通るときはよりお囃子に愛着がわくのではないか。イメージ形成には、身体を動かすだけでなく絵を描くというように、複数の媒体の統合的な使用が有効であると考えられる。

事例2　大阪天満宮天神祭どんどこ船囃子

小学校1年生
鑑賞領域／鑑賞分野

椿本恵子

1　実践の概要

天神祭船渡御《ふなとぎょ》において「どんどこ船」が大川（旧淀川）を曳航するときに奏されるお囃子は、太鼓と鉦で演奏される。太鼓と鉦のリズム（同一リズム）に合わせて、掛け声をかけながら船が漕ぎ進められる。

本実践では、太鼓と鉦のリズムを指導内容とした。まず、教室に小道具で川と船に見立てた空間をつくり、祭りの映像に合わせて船漕ぎを疑似体験させた。次に「まっすぐ進むとき」と「回転するとき」という二つの場面の異なるリズムパターンを聴き比べた。最終的には、それぞれのリズムパターンの特質をふまえ、このお囃子のよさをポスター（紹介文）に表し交流した。

2　天神祭どんどこ船囃子とは何か

日本三大祭りの一つである大阪天満宮の「天神祭」で奏される囃子である。毎年七月に行われる天神祭は、船渡御を一番の特色とした川の祭りとして伝承されてきている。天神祭は日々の船漕ぎの腕前を大勢の見物人に見てもらう絶好の機会であり、その代表が「どんどこ船」であった。船尾にとりつけられた太鼓と鉦をどんどこと淀川の川面いっぱいにうち鳴らしつつ、かけ声勇ましく漕ぎめぐる様子は、船渡御の花形とされている。大人の漕ぐ船と子どもの漕ぐ船がある。

3　教材化のポイント

(1)　音楽としてのおもしろさ

このお囃子の音楽としてのおもしろさは、太鼓と鉦のリズムパターンにあると考えた。太鼓と鉦は同一のリズムを奏す。船漕ぎにはまっすぐ進む場面と回転して方向換えをする場面があり、それぞれリズムパターンが異なる。まっすぐ進む場面では、「トーン　トーン　トーント　トントン　トーン」という「流しのリズム」と呼ばれるリズムになる。これは、船を前進させる「前打ち」のときや船を回転させた終了の合図となり、漕ぎ手は、「チョーイサ」という掛け声をかけながら船を漕ぐ。回転する場面では、「トーント　トントン　トーン　トト」という「回転のリズム」になる。川幅の狭い道頓堀やたくさんの船が行き交う船渡御では、右舷と左舷が反対に櫂を漕いで船を回転させ、漕ぎ手は、「マエウチジャ」に対し、「アトウチジャ」という掛け声をかけながら船を漕ぐ。

このように、どんどこ船の音楽は漕ぎ手の動きと密接に関連している。太鼓と鉦のリズムを軸として、掛け声や漕ぎ手の動きが統合されることで、今日のどんどこ船のパフォーマンスが生み出されていることから、船漕ぎを模倣すると、お囃子に通底する［基層的リズム］を感じることができる、そこで、この［基層的リズム］が典型的に体現されている太鼓と鉦のリズム（同一リズム）を指導内容とした。

(2)　音楽と他の表現媒体との関連

このようなパフォーマンスにおいて、太鼓と鉦は、打ち手の腕の見せ所である。どんどこ船の曳航に合わせて、間が調整されたり、リズムに装飾がつけられたり、と即興的な変化が生み出される。つまり、［即興性］が見られる。これは、太鼓や鉦のリズム（音楽）と掛け声（言葉）が漕ぎ手の動き（動き）に同調していることによる。
そこで、実践では、子どもたちを、太鼓と鉦のリズムを口唱歌で唱える「打ち手」と掛け声をかけ合いながら船を漕ぐ「漕ぎ手」に分け、それぞれの役割を関連づけることで「音楽」「動き」「言葉」をかかわらせて学習を進めていくことができるようにした。

(3) パフォーマンスを支えている背景

大阪の天神祭の地域は、大川が流れるという地形的な特徴、船場や証券取引所等のある大阪の経済の中心であるという社会的な特徴をもつ。天神祭は、商業都市として水上交通の発達で繁栄してきた大阪の経済的実力を背景に、どんどん盛大になっていったといわれている。

実践校は、大阪の商業の中心地である北浜に位置している船場唯一の小学校であり、明治時代からの伝統をもつ学校である。学校のすぐそばを東横堀川、大川が流れ、天神祭は、子どもたちにとって身近な祭りである。また、子ども自身もどんどこ船に乗船している。高学年の子どもは、実際に祭り当日、子どもどんどこ船を漕ぎ、低学年の子どもは、二四日の大阪天満宮への宮入（鉾流《ほこながし》神鉾《かみほこ》奉還《ほうかん》）の際、子どもどんどこ船に乗り宮入する。子どもたちの生活経験に何らかのかかわりをもった祭りであり、お囃子であるといえる。

4 学習過程における子どもの様子

経験	○天神祭どんどこ船の《おはやし》に合わせて、船漕ぎを疑似体験する。（前打ちのみ）
分析	○二種類の《おはやし（前打ち・回転）》を聴き比べ、リズムの特質を捉える。

再経験	○リズムを意識して、天神祭どんどこ船の《おはやし》に合わせて、船漕ぎの疑似体験をし、《おはやし》のよさを伝える紹介文を書く。
評価	○お互いの紹介文を交流し、天神祭どんどこ船の《おはやし》のよさをまとめる。

【経験】

最初に天神祭どんどこ船の「前打ち」の場面を映像で提示した。ここでは、「なんか掛け声をいっているよ」「これ、中之島のところだ。天神祭のときに、この船見たよ」「ここ、大阪天満宮だ」「太鼓と鉦の音がきこえるよ」といった子どもたちの気づきに関連づけて、天神祭どんどこ船が伝承されてきた文化的背景、そしてお囃子の音楽の構成要素を伝えた。

このような場において、子どもたちが自発的に映像の船漕ぎを真似している姿が見られた。そこで、映像に合わせて、船漕ぎを疑似体験する場を設定した。ここでは、「打ち手（口唱歌）」と「漕ぎ手（掛け声／動き）」に役割分担して合わせ、クラスが一体となって疑似体験できるようにした。前打ちの「流しのリズム」を十分に体験したあと、まだまだ船は進むことを伝え、映像の続きとして回転する場所を見せた。そこではお囃子は「回転のリズム」に変わる。ただ映像を視聴し音楽を聴くのではなく、このお囃子に欠かすことのできない船漕ぎを疑似体験することで、船漕ぎと密接にかかわっている音楽構成要素（リズム）を知覚・感受し、身体で楽曲全体を捉えた。櫂（オール）を漕ぐ疑似体験では「みんなの息がすごく合っているよ」「太鼓のリズムと、漕いでいる人の動きが一緒だよ」「船が回るときには、すごく気合いが入っているね。リズムも激しくなったよ。真似をしているだけでも、すごく力が入るね」と、自らの体験からリズムの特質を感じ、「一度見に行ってみたいな」と地域に伝わる伝統行事・伝統音楽への興味関心が高まる姿が見られた。

【分析】

お囃子の「前打ち」から「回転」へのリズムの変化に着目させるため、二つのリズムの比較聴取を行った。教師は口唱歌を唱えて太鼓を打ち、子どもたちは船を漕ぎながら「前打ち」のリズムを口唱歌で唱える疑似体験を行い、その活動の中で、教師が前触れなく突然「回転」のリズムに変化させるという方法をとった。子どもたちは「前打ち」をやっていたところから「回転」へ変わったので一瞬戸惑った。しかし、すぐに「回転」のリズムの口唱歌に変えていった。

子どもたちは「あれ、なんか船の動きがかわったよ」「なんか忙しくなった」「なんか太鼓の音がいっぱいになったよ」というように、疑似体験を通してリズムの変化を自らの身体を通して知覚・感受することができた。

【再経験】

このようにリズムの変化を意識したうえで、改めて船漕ぎの疑似体験を行った。船漕ぎの役と口唱歌で船漕ぎを応援する役に分かれて行った。「いっしょうけんめい、みんなで力を合わせているところを見てもらいたい」「みんなで、息をしっかり合わせよう」「太鼓のリズムにしっかり合わせないと船は動かないよ」「息を合わせるために、しっかりと声を出そう」と互いに声をかけ合い、疑似体験を楽しむ姿が見られた。

常に、川と船を見立てた模擬空間で疑似体験することで［生活経験の時空間］を共有しながら、［基層的リズム」を感じてパフォーマンスをしていたので、そこでは教師が声かけをしなくても子どもたちから自然に「アトウチジャ」「マエウチジャ」の掛け声が出たり、「ソーレ」の合いの手が出たりして「即興性」が発揮された。

【評価】

　このような疑似体験をふまえ、お囃子のよさを他者に伝える場を設定した。はじめて天神祭のどんどこ船を見に来た人にどんどこ船のお囃子のよさを伝えるポスターを作成する活動を設定したのである。そして作成したポスターをクラスで交流した。

　川の多かった大阪で、祭りはどんどこ船の漕ぎ手の腕の見せ場であったということ、みんなで力を合わせて漕ぐことが音楽が一体となっているという地形的、社会的、文化的背景について、「船漕ぎ」「船の動き」「お囃子」「掛け声」のつながりを意識してポスターにイラストと文でまとめていた（写真3－1）。

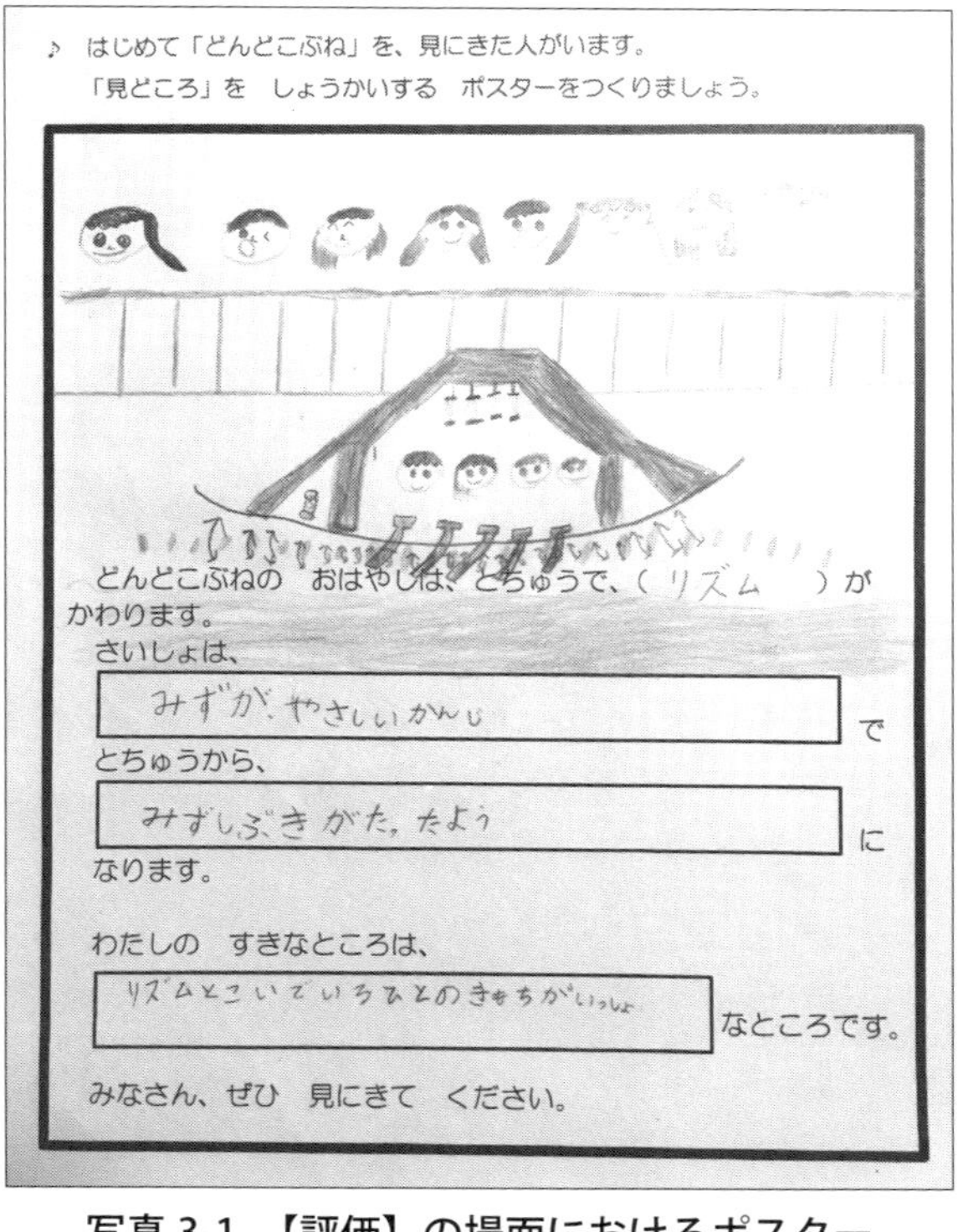

写真 3-1　【評価】の場面におけるポスター

5　模擬空間における疑似体験の有効性

本実践は鑑賞分野の学習であった。しかし単に映像を見たり音源を聴いたりするのではなく、祭りの疑似体験を通して鑑賞する学習とした。そのため、どんどこ船を曳航する空間を模擬空間として設営した。模擬空間を設営することで、子どもたちは「漕ぎ手」「打ち手」「観客」の役割を意識し、いかにも船の漕ぎ手になったりそれを応援する観客になったりして、それぞれの役割を演じる行為に没頭した。

このように模擬空間での疑似体験を取り入れた鑑賞活動としたことで、子どもたちは、教材に対して知覚・感受したことを身体で表現していく姿が見られた。さらに、子どもたちの気づきを地形的、社会的、文化的背景と関連づけながら取り上げたことで、子どもたちは、自分の生活と結びつけた形でその背景を理解していく姿が見られた。

このような活動展開にしたことで、「一度なくなっていたどんどこ船が復活してよかったな」「みんなの力を一つに合わせて漕いだり打ったりするってかっこいいな」「来年は、どんどこ船に乗って漕いでみたい」と、どんどこ船の曳航に込められた思い、祭りがどのように伝承されてきたかなど、どんどこ船のイメージをより豊かにふくらませていくことができたのではないかと考える。

事例3　百舌鳥八幡宮の布団太鼓囃子

小学校1年生
表現領域／器楽分野

藤本佳子

1　実践の概要

百舌鳥八幡宮の布団太鼓のお囃子では、太鼓を打つリズムが中心となり、それに合わせて太鼓台の担ぎ手たちが、いくつもの大きな房で飾られた太鼓台を揺らしながら足並みを揃えて練り歩く。その揺れの動きに重なって布団太鼓囃子唄がうたわれる。

そこで、本実践では、太鼓のリズムと囃子唄の重なりを主たる指導内容とした。太鼓のリズムについては、第一学年という発達段階をふまえて、太鼓を実際に打つのではなく、太鼓の口唱歌を唱えるという活動にした。そして、クラス全体で太鼓の口唱歌にのせて囃子唄を重ねて演奏できるようにうたい方を工夫させた。最終的には、クラスで太鼓のリズムの口唱歌と囃子唄に分かれ、重ねて演奏した。

2　布団太鼓とは何か

大阪府堺市にある百舌鳥八幡宮では九月下旬に月見祭という祭りが行われる。月見祭とは、三〇〇年以上も前から、豊作祈願・慈悲の儀式と満月を祝う風習を併せて毎年行われてきた祭りである。この祭りで奉納されるのが布団太鼓である。布団太鼓とは、神輿のように担ぐものである。太鼓台には、一台の太鼓を囲んで打ち手の四人の少年が乗っている。太鼓台を担ぐ大人たちは、太鼓台の中で少年たちが打つ「スッテンドン　スッテンドン　スッテンドン　ドン　ドン」という太鼓のリズムに合わせて練り歩く。その太鼓のリズムに合わせて《布団太鼓囃子唄》がうたわれる(1)。この囃子唄は、江戸から明治時代初期に流行った子どものしりとりうたがもとになっており、「……秋の月　月に群雲……」「……竹に虎　虎追うて……」のようにしりとりになっていたり、「……五両十両　ゴロゴロ鳴るのは……」のように語呂つなぎになっていたりといった特徴をもっている。

3 教材化のポイント

(1) 音楽としてのおもしろさ

布団太鼓の音楽には、布団太鼓囃子唄の仕組みやふしまわし、太鼓のリズム、布団太鼓囃子唄と太鼓のリズムとの重なり方といったさまざまな音楽の構成要素が含まれている。その中でも、このお囃子の音楽としてのおもしろさは、太鼓のリズムと囃子唄の重なり方にあると考えた。

太鼓のリズムは「スッテンドン　スッテンドン　スッテンドン　ドン　ドン」といった口唱歌を通して昔から伝承されている。この口唱歌を唱えることで布団太鼓のパフォーマンス全体に通底している［基層的リズム］を感じることができる。そこで、［基層的リズム］が典型的に表れている太鼓の口唱歌と、布団太鼓のもう一つの特徴である布団太鼓囃子唄を主たる教材とし、太鼓のリズムと囃子唄が重なることによる表現効果の学習を授業のねらいとした。

(2) 音楽と他の表現媒体との関連

太鼓の「スッテンドン　スッテンドン　スッテンドン　ドン　ドン」というリズム（音・音楽）は、囃子唄や太鼓台を担いで練り歩く動きの土台となっている。大人の担ぎ手は、うたと太鼓のリズムに足運びを「右、左、右、左」と合わせて練り歩き（身体の動き）、打ち手と一緒にうたったり（音楽）、掛け声で合いの手を入れたり（言葉）する。また、太鼓台の担ぎ手は、太鼓のリズムに同調するように太鼓台についている真っ白な大房を大きく揺らしてみせる（造形）のが、担ぎ手の腕の見せ所になる。

このように、太鼓のリズムを軸として、うたや身体の動きや大房の揺れが統合されることで布団太鼓のパフォーマンスが成立している。この統合に作用しているのが、この布団太鼓の［基層的リズム］である。

そして、実際の祭りにおいては、太鼓のリズムと布団太鼓囃子唄の合間合間に「あぁどうした」や「もういっちょ」などの掛け声（合いの手）(2)も即興的に入れられる。つまり［基層的リズム］に支えられたところに［即興性］が見られる。

(3) パフォーマンスを支える背景

大阪では祭礼行事の練物としては地車が有名であるが、堺市内では地車での喧嘩騒動があり、その後地車のかわりに布団太鼓が登場したといわれている。そして当時、農業従事者が多く担ぐことに慣れていたこともあり、布団太鼓が定着したということである(3)。

また、中秋の名月の頃に行われることから月見祭という意味合いがもたせられ、背景に月を愛でるという情緒がうかがえる。

4 学習過程における子どもの様子

経験	○布団太鼓の映像を視聴する。 ○布団太鼓囃子唄をうたう。 ○太鼓のリズムをたたく。
分析	○うたと太鼓のリズムの重なりについて知覚・感受する。
再経験	○うたと太鼓のリズムとの重なりの特質を意識して、布団太鼓囃子唄をうたう。
評価	○自分たちの演奏を振り返る。 ○うたと太鼓のリズムとの重なりについてのアセスメントシートに答える。

【経験】

まず、百舌鳥八幡宮の布団太鼓が練り歩く様子の映像を見せた。そこでは、子どもたちは、太鼓台があること、太鼓の音が聴こえること、うたや合いの手などの声が聴こえること等に気づいた。気づきをうけて教師は、この布団太鼓は「どこで」「どのように」行われているのか等、文化的背景についてふれた。ここでは、この百舌鳥八幡宮の布団太鼓と実践対象の子どもたちに身近な杭全神社の布団太鼓との違いを意識した。つまり、子どもたちのすでに知っている布団太鼓との関連づけを図り、［生活経験の時空間］を想起させるようにした。

その後、教師がリードして口唱歌をうたい、子どもたちに伝えた。そして、口唱歌に合わせてひざをたたくように促していると、ある子どもが「ドン」の部分でひざを曲げる動きをした。これは太鼓のリズムの特質を捉えた動きであったので、それをクラスに取り入れた。このように子どもたちが口唱歌を唱えている間に教師は囃子唄をうたって重ねた。

【分析】

太鼓のリズムに布団太鼓囃子唄の旋律が重なるとどう感じが変わるかを捉えさせるために、囃子唄に太鼓のリズムが重なった演奏と、太鼓のリズムとの重なりがない囃子唄だけの演奏を比較聴取させた。しかし、この段階で重なりの特質を感受することは難しかった。そこで、比較聴取の二通りの演奏を、ただ聴くだけでなく、自分たちで実際に演奏してみて比べるようにした。その結果、「がんばっておみこしをはこんで、あせをかいてつかれているかんじがあたまにうかびました」というように「重なり」の有無の知覚をした上での具体的なイメージによる感受が豊かに出てくるようになった。

【再経験】

ここでは、【分析】の場面で知覚・感受したことをもとに、クラスで囃子唄のパートと太鼓の口唱歌を唱えるリズムパートに分かれ、二パートを重ねて演奏するという活動を行った。ここに問題解決の場面が生じた。まず、全体で演奏すると、太鼓のリズムパートはそのことだけに意識が向き、うまく囃子唄と重ならないという問題が生じた。しかしその問題点に気づくことができたのはほんの数人であった。そのため、教師が演奏を録音して聴かせたところ「バラバラや」と笑い出し、うまく重なっていないという問題点を全体で共有することができた。そこに、子どもたち側に、太鼓台をみんなで一生懸命担いでいる感じを表すためにバラバラにならないように演奏しようという意識が生まれ、いろいろ試していった。

【評価】

【再経験】の問題解決でうまくいったものを教師が録音して、子どもたちに聴かせた。これにより、子どもたちは客観的に自分たちの演奏を振り返り、なぜ問題を解決できたのかを考えることができた。その中で、「うたも太鼓も声を小さくしたらうまくいった」と、お互いの音を聴き合うということへの気づきが生まれた。また、「(うまく重ならなかったときは) 最後の『ドンドン』がなかった気がする」と、太鼓のリズムが布団太鼓のパフォーマンスの重要な基盤となっているということへの気づきも見られた。

5　自と他を結びつけることのできる教材

実践校の子どもたちにとって、学校近くにある杭全神社の祭りにおいても布団太鼓が奉納されるため、布団太鼓そのものは身近なものである。しかし、ほとんどの子どもが、今回扱った百舌鳥八幡宮の布団太鼓囃子唄とは初めての出会いであった。そのため本実践では、子どもたちの［生活経験の時空間］と関連づける形で教材提示を行った。これにより、子どもたちは教材に対して自分の生活経験から推察したり比較したりして、自分とのかかわりを感じながら取り組んでいた。自分のところにも布団太鼓があり、他者のところにも布団太鼓があるという、自から他へのつながりをつけることが容易な教材であったと考える。また、実践後には、「家の人（杭全神社の祭りに参加している保護者）に、布団太鼓の唄を教えてほしいっていわれたから、教えてあげた」というように、布団太鼓を共通の話題として子どもと親とのコミュニケーションが生まれたということもあった。子どもたちから親の世代に向けて郷土の伝統音楽が伝えられていくという様子もうかがうことができた。

事例4　神戸谷上農村歌舞伎

小学校2年生
鑑賞領域／鑑賞分野

渡部尚子

1　実践の概要

実践校の近くには昔の農村歌舞伎舞台が点在している。生活科の学習「町探検」で農村歌舞伎舞台を見学することを導入にして、子どもたちが歌舞伎の見得を真似ることを通して歌舞伎を特徴づける「間（ま）」(1)を学習するという実践を考えた。

まず、子どもたちは、地元の農村歌舞伎舞台での子ども歌舞伎の演目〈車引〉の一場面を視聴し、その映像にかかわるゲストティーチャーとの対話を通して〈車引〉の筋書きや歌舞伎というものの様式について知った。次に、ゲストティーチャーの指導で〈車引〉の中の「五つ頭」の場面の見得の真似を練習した。

さらに、掛け声と太鼓が生み出す「間」に注意を向け、三人組になって息を合わせて見得を演じた。そして最終的には古典芸能の歌舞伎を鑑賞した。

2　農村歌舞伎とは何か

農村歌舞伎は、江戸時代頃に、農民たちが当時禁じられていた歌舞伎を密かに隠れて演じ、楽しんでいたのが始まりである。山間に位置する実践校の近くには、その頃に建築された下谷上農村歌舞伎舞台と上谷上農村歌舞伎舞台がある。今から二〇年ほど前に地域の人によって農村歌舞伎が復活し、毎年農村歌舞伎が演じられるようになった。そこでは子ども歌舞伎も演じられている。

3　教材化のポイント

(1)　音楽としてのおもしろさ

本実践では、歌舞伎《菅原伝授手習鑑》の〈車引〉を教材として取り上げた。そして、〈車引〉の中で松王丸、梅王丸、桜丸の三兄弟が見得を切る「五つ頭」の場面を真似る活動を設定した。そこでは、五回の太鼓や掛け声に合わせて三兄弟が顔を左右に振るのだが、そこに生み出される「間」がおもしろく味わい深い。

(2)　音楽と他の表現媒体との関連

見得を切る場面では、役者の顔を左右に振る動きと掛け声、ツケ（板を拍子木に似た柝《き》で打つこと）の音とが一体となっている。それぞれ担当が違うので、役者の動きと掛け声とツケの音の間が合わなければ、ずれてしまい芝居に締まりがなくなってしまう。その「間」を合わせるのが「はっよぉ～」という掛け声である。掛け声は「間」を取る声ともいわれ、掛け声によって動きと音との「間」を合わせることができる。

(3) パフォーマンスを支える背景

見得のパフォーマンスの文化的背景として「歌舞伎」という伝統芸能がある。授業では、歌舞伎について、筋書きがあること、役者は隈取り化粧をして登場すること、観客はおひねりを投げることなどを扱った。農村歌舞伎としては、地形的、歴史的、社会的な背景として、山に囲まれた厳しい自然環境の中で米作りをする農民の農閑期の楽しみであったという、この地域での昔の人々の生活と農村歌舞伎とのかかわりを扱った。そして地域の伝承者の方にゲストティーチャーを依頼し、地域とのつながりを子どもたちが実感できるようにした。

4 学習過程における子どもの様子

経験	○〈車引〉の一場面を視聴し、見得を真似して「間」に気づく。
分析	○掛け声の比較聴取により、「間」の有無を知覚・感受する。
再経験	○「間」を意識して掛け声と動きを合わせ、再度見得を演じる。 ○〈車引〉を鑑賞し、批評文を書く。
評価	○批評文を交流する。

【経験】

まず、生活科の学習「町探検」の一環で、校区の神社にある農村歌舞伎舞台を見学した。「古い建物だ」「屋根に苔が生えている」など自分の住んでいる町のすぐ近くにこんなにも古い建物があったことに驚きをもって見ていた。

次に、地域の農村歌舞伎にかかわる方をゲストティーチャーとして招いた。子どもたちは見学した舞台で行われた子ども農村歌舞伎の映像の〈車引〉の一場面を視聴し、「(客席から)なんか投げていた」や「横で板(ツケのこと)をたたいている人がいた」など気づいたことをいい、それに対してゲストティーチャーの方から、投げていたおひねりのことや舞台音楽の一つであるツケのことを説明してもらった。実物のツケや黒衣の衣装などを見せてもらいながらの説明であったので子どもたちは興味深げに聞いていた(写真3－2)。休憩時間には、ゲストティーチャーに黒衣の衣装を着せてもらったり、ツケの演奏方法を教えてもらいたいたいたりする様子が見られた。

ここでは、町探検の学習との連続を意識させたこと、そして地域のゲストティーチャーとの対話を通して農村歌舞伎の情報を与えたことで、子どもたちは歌舞伎を難しい古典芸能としてではなく、自分の身近にあるものとして捉えることができたのではないか。つまり、歌舞伎を自分たちの［生活経験の時空間］の範囲にあるものとして捉えることができたのではないかと推察される。

写真 3-2　ゲストティーチャーとの対話の様子

【分析】

次に、農村歌舞伎をやっていた昔の人のように歌舞伎の真似をやってみようと誘い、ゲストティーチャーと教師とで〈車引〉の一場面「五つ頭」の見得を実際にやってみせた。真似をする方法は、ゲストティーチャーが、地域の子どもたちに歌舞伎を指導するときの方法と同様のものにした。その方法とは、まず、「はっよぉ～」という掛け声を真似する、次に掛け声に合わせて顔を振るタイミングで膝を打つ、そして、掛け声と顔の振りを真似する、最後に立って構えて、掛け声と顔振りをして見得を切るというものである（写真3-3）。

見得の真似がほぼ全員の子どもたちができた後に、そこにある「間」を意識させるために、「㋐　間があるときの掛け声」と「㋑　間がないときの掛け声」を教師が演じ、それぞれに比較聴取をさせた。㋑は㋐の間をすべてなくし、言葉をずっと伸ばしていうようにした。

㋐　**「間」があるとき**

「はっ（間）よぉ～（間）／はっ（間）よぉ～（間）／はっ（短い間）よぉ～（短い間）よぉ～（短い間）よぉ～（短い間）／よぉ～～（長い間）」

㋑　**「間」がないとき**

「はっよ～／はっよ～／はっよ～よ～よ～／よ～～」

写真 3-3　歌舞伎の見得を切る真似をする様子

そして㋐と㋑の知覚・感受をワークシートに書かせた。子どもたちは、「㋐『間』があるとき」では、「間があいているから歌舞伎になっている」「正しい感じ、かっこいい感じ、はっきりしている、お客さんが来る感じ」、「㋑『間』がないとき」では、「変な感じ」「間違えている感じ」「ふにゃふにゃの感じ」「お客さんが来ない感じ」「音がつながっておかしくなっている感じ」などと感受を書いていた。

ここでは、「間」の有無を比較聴取したことで、子どもたちは「間」を知覚し、「間」がある方がかっこいいと価値づけて感受したことが発言やワークシートから推察できる。まず、見得の真似をしていく中で、無意識のうちに「間」を経験し、そして「間」の有無の比較聴取をすることで「間」が意識化され、「五つ頭」の見得における掛け声の「間」が醸し出す見得の［基層的リズム］が子どもたちに意識されたと考えられる。

【再経験】

「間」を意識したところで、今度は三人組を作って三人の掛け声を合わせていった。始めはうまく合わせられなかったが、息を吸ったり目を見合わせたりしながら、三人の「間」を意識し合わせていった。そして最後には教師の太鼓に合わせて歌舞伎の見得を演じ発表した。発表の演技ではどの三人組も三人の「間」を合わせて見得を切っていた。

ここでは「間」を意識した後、三人で合わせるための工夫として、目を合わせることや息を吸うタイミングを合わせることをしていた。「間」のとり方は組ごとにそれぞれであり、そこに間を合わせるために［即興性］を発揮していたということができよう。

【評価】

最後に、古典芸能の歌舞伎〈車引〉の一部を鑑賞して批評文を書いた。批評文は〈車引〉をまだ見たことのない人に教えてあげようという形式にした。「おかあさん、あのね。赤は怒っていて青は敵で（隈取りの色の意味）、松王と桜丸と梅王は、三つ子でけんかをしているんだよ（筋書き）。かぶきのポーズと掛け声でやっていたよ。」や「黒衣はかげになってお手伝いするんだよ。おひねりは、子どもだったらあめちゃんをあげて、おとなだったらお金がもらえるんだよ。」などと、「間」のことだけでなく、物語のあらすじや歌舞伎についてゲストティーチャーに教えてもらったことや自分たちが演じてみた感想など、いろいろな視点から歌舞伎を捉えて記述していた。

5　低学年にとっての伝統音楽の教材化

歌舞伎は低学年の子どもたちには難しいものと捉えられるかと案じていたが、子どもたちは興味を持って取り組み、授業後も休み時間に見得を切る姿や、何人かで「はっよぉ～」と掛け声を合わせる姿が見られた。この理由は二つあると考えられる。一つは、地元の舞台を見学したことや、ゲストティーチャーとして地元の方によりわかりやすく教えてもらったことで歌舞伎を身近に感じることができたから、二つは、歌舞伎を身体を使って真似していく中で、「間」が生み出す独特な見得のリズムにおもしろさを感じたからだと考える。

ところで、授業をした一年後に、見学に行った農村歌舞伎舞台で〈車引〉を上演することになり、小学生も希望者二〇名ほどが参加することになった。夏休みなど計四回練習し、地域の舞台に立った。本番では、浴衣を着て鼻筋を付ける化粧をして舞台に立った。そして観客からおひねりを投げてもらっていた。

長い間子どもたちが出演することはなかったらしく、観客の方も喜んでいた。

このように、授業で歌舞伎に興味を持ったことが、地域の芸能への参加まで発展していった。地域の伝統音楽を扱った授業をすることで、授業の幅が、地域の人材、文化財との結びつきにより広がり、地域にとっても伝統音楽の伝承を引き継いでいく契機になったと考える。

事例5　船場通り名覚えうた

小学校2年生
表現領域／音楽づくり分野

椿本恵子

1　実践の概要

船場通り名覚えうたは、大阪船場の通りの名前が順番に歌詞に読み込まれている歌である。昔、奉公人が通りを覚えるためにできたらしい。うたははねるリズムでうたわれやすい。

本実践では、はねるリズムを指導内容とした。子どもたちが歩きながらうたうことで［基層的リズム］を身体化するような流れとした。そして、替え歌としてグループで自分の町のうたづくりをさせた。最終的には、クラス全員輪になってうたいながら歩くパフォーマンスを行った。

2　船場通り名覚えうたとは何か

船場の町は、今も東西と南北の通りが碁盤の目のように区割りされている。この覚えうたは、このような船場の通りの名を北から順にうたった覚えうたである。昔、船場の商家には各地から丁稚や女中が奉公のために集まったことから、通り名を覚えないと仕事にならないので、覚え歌ができたのではといわれている。七五調の言葉遊びうたであり、船場の子どもたちには鞠つき歌として遊び継がれてきたともいわれている。

3　教材化のポイント

(1) 音楽としてのおもしろさ

この覚えうたの音楽としてのおもしろさは、というはねるリズムにあると考えた。このはねるリズムが覚えうたの躍動感を生み出し、歌の調子のよさを生み出している。この覚えうたをうたいながら歩くと、覚えうたに通底する［基層的リズム］が感じられてくる。それにのって自分たちの住んでいる町の歌をつくってうたう活動を設定した。

(2) 音楽と他の表現媒体との関連

覚えうたのはねるリズムによって生み出される躍動感は、昔、奉公人が歩きながら覚えたという身体感覚、また鞠をつく身体感覚と関連していると考えられる。それを軸として言葉（歌詞）、動き（歩く、鞠をつく）、音楽（ふし）が三位一体となって結びついている。

(3) パフォーマンスを支える背景

実践校はその前身を明治五年頃の小学校にもつ伝統ある船場の小学校である。船場通り名覚えうたに出てくる船場の町は、今も通りの名称はほとんど変わっていない。子どもたちはこの町で生活しており、うたに出てくる通り名には馴染みがある。

この覚えうたは船場の通りの名を順にうたったうたであり、船場の商家の奉公人の仕事の必要性から伝承されてきたとされる。大阪が商人の町であったという社会的状況や碁盤の目のような通りという地形的状況がこの覚えうたの背景にあるといえよう。そして、船場に生活する人々の日々の感情をもってうたわれたうただと推察できる。子どもたちも替え歌をすることで自分たちの生活感情を表現できるのではないかと考えた。

4 学習過程における子どもの様子

経験	○船場通り名覚えうたをうたいながら歩く。
分析	○二種類の船場通り名覚えうた（はねるリズムのもの、はねていないもの）を聴き比べ、はねるリズムの特質を捉える。
再経験	○リズムを意識して、船場通り名覚えうたをうたいながら歩く。 ○うたの続きがあることを伝え、うたづくりを行う。
評価	○お互いのうたを交流し、船場通り名覚えうたのよさをまとめる。

【経験】

まず、生活科における「町探検」の振り返りを行い、「船場にまつわるうたを知っているかな」と問いかけることから始めた。町探検を想起しながら「船場通り名覚えうた」と出会うことで、うたの歌詞をイメージをもって捉えることができた。そこで、なぜこのようなうたが生まれたのか、どのようにして伝承されてきたのかを伝えた。その文化的背景をふまえ、うたいながら歩く場を設定した。うたいながら歩くことで、身体で拍やはねるリズムを感じることができる。また、通りを歩く登下校時の様子や街の様子を思い浮かべながらうたうことを期待した。

みんなで一つの円になって歩く中で、拍に合わせてみんなで足を揃えたり、身体を上下に揺らしたりしながらリズムよく歩く姿が見られた。うたいながら歩いたことで言葉（歌詞）・音楽（ふし）・身体の動き（歩く）を一体として捉える姿が見られた（写真3-4）。ここでは、クラス全員でうたいながら歩いたことで、友だちの歩き方から拍やリズムが視覚的に捉えられ、［基層的リズム］を身体を通して共有することができたといえよう。

写真3-4　みんなでうたいながら歩く様子

【分析】

【経験】の場において歩く中で出てきた「歩いてうたうと楽しくなるけど、うまくうたに合っていない」「普通に歩くとうたがへんな感じがする」といった気づきから、リズムに着目する場を設定した。「はねるリズム」と「はねていないリズム」による二種類の船場通り名覚えうたを聴き比べる場を設定することで、はねるリズムを知覚・感受できるようにした。ここでは、ただ聴くのではなく、「歩く役」「うたう役」に分かれて活動させた。「①のリズム（はねるリズム）だと、覚えやすいし歩きやすいけれど、②のリズム（はねないリズム）だと、なんか重たい感じがして歩きにくい」というように、身体活動を通して知覚・感受を深めていくことができた。

【再経験】

はねるリズムの特質をつかませた上で、自分の住む町のうたづくりをすることとした。「私の町には、たくさんの薬屋さんがあるよ（道修町という昔からの薬の町）」「ぼくの町は駅が近いから、ご飯屋さんがたくさんあったな」と、町探検や日々の生活経験を想起しながらうたづくりを進めていく姿が見られた。ここでは座って話し合うだけでなく、必ずうたいながら歩いてみることを促した。すると「なんかリズムにあっていないな。歩き方が変になるから、歌詞を短くしてみよう」というように、歌詞の言葉がうまくリズムにはまらないと気づき、歌詞を工夫したり、言葉のリズムを変えたりする音楽表現の工夫をする姿が見られた（写真３－５）。

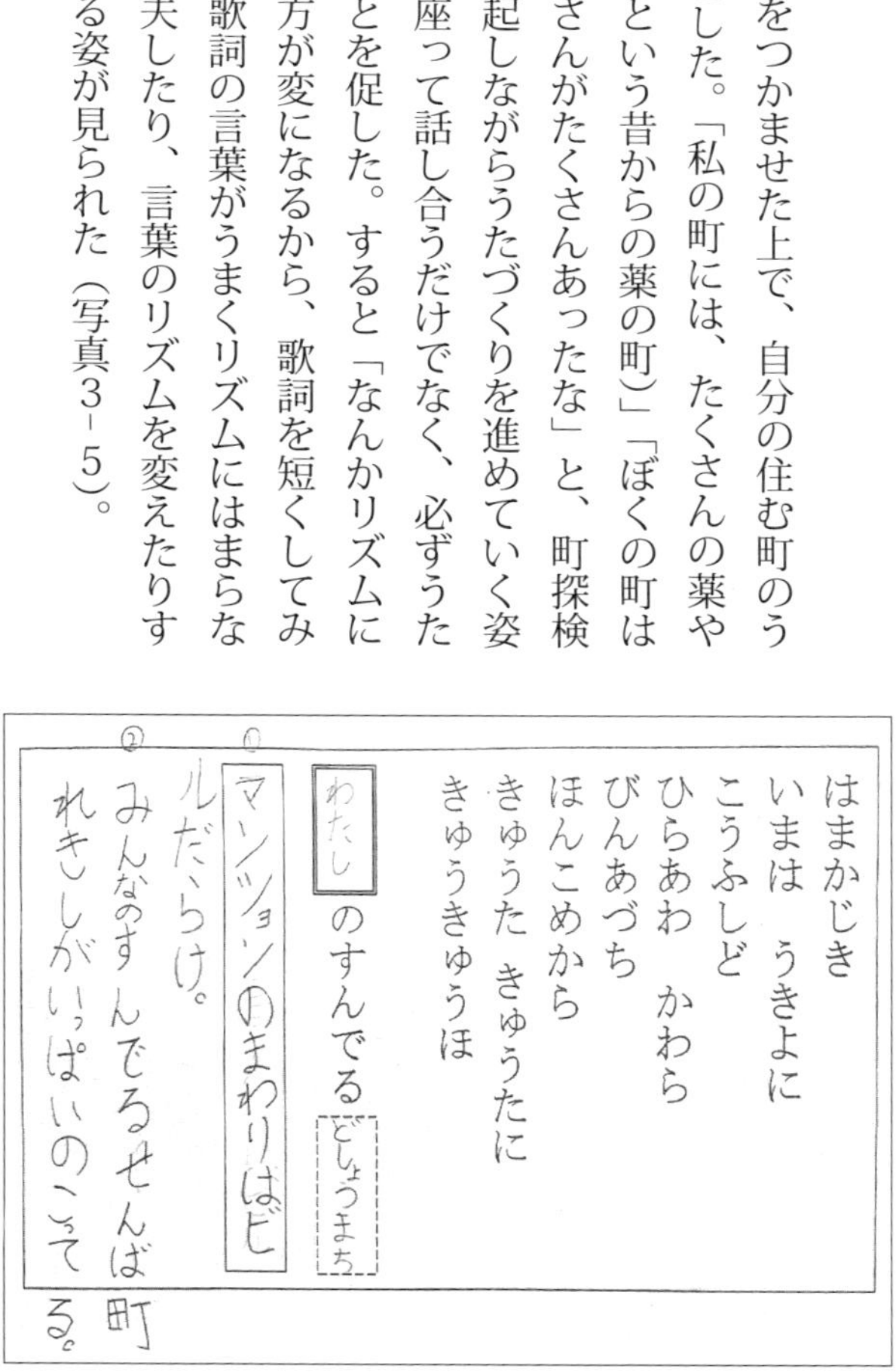

写真 3-5　元の歌詞と子どもの替え歌

【評価】

最後に、つくった覚えうたを発表して交流し、船場通り名覚えうたのよさをまとめる場を設定した。

ここでは、互いのうたを聴き合うことで、「道修町は、薬の町だってことがよく伝わるね」「船場には、最近マンションが増えてきているっていうことが伝わってきたな」「船場には歴史がたくさんあるから、それをアピールできるうたになってよかった」というように、自らの生活する町を見直す発言が多く出た。さらには、「ぼくたちの住んでいる街の通りを覚える歌があるなんてすごいな」「この歌を歌うと、すぐに通りの名前を覚えられる」と、船場通り名覚えうたが伝承されてきた意味やよさに迫る姿が見られた。

5　カリキュラム・マネジメントへの示唆

本単元構成において、生活科における「町探検」の学習と関連させた。そのことで自らの町に対して愛着をより深める単元構成を図ることができた。

自分たちで通り名の替え歌をつくるときには、生活科における「町探検」の学習経験から「船場の中でも、幼稚園は昔からある建物で有名だから、歌詞に入れてみんなに古くてすごい建物ってことを知ってほしいな」「六年生に船場ガイド（案内）をしてもらったときに、適塾とか愛珠幼稚園は昔から残る古い建物だっていっていたから、ぜひアピールしたいな」というような話が出てきた。船場通り名覚えうたの教材は、生活科における学習経験や異学年との交流（生活科と「総合的な学習の時間」による地域学習）などを関連づけていくことができる教材といえる。

現在、カリキュラム・マネジメントの重要性がいわれている。各教科におけるさまざまな学習経験を統合していくために、学校のカリキュラムに有機的関連をつくることが求められている。この船場通り名覚えうたは音楽科だけでなく、生活科、国語科、社会科、総合的な学習につながる教材になりうると考えられる。教科間の関連を図るのに有効な教材といえる。

事例6　大阪平野郷夏祭りだんじり囃子

小学校3年生
表現領域／器楽分野

大和　賛

1　実践の概要

平野郷夏祭りだんじり囃子（以下、平野だんじり囃子）は、鉦、大太鼓、小太鼓の楽器を担当する囃子方と、だんじりを動かす人々の囃子詞で奏される。だんじりの周囲には囃す人々がいて囃子に合わせて踊る。

本実践では、鉦と囃子詞の重なり（テクスチュア）を指導内容とした。子どもたちは囃子詞と踊りを経験したあと、鉦の口唱歌を唱え、囃子詞と重ねてみた。次に、鉦と囃子詞が重なるとどう感じが変わるか、鉦と囃子詞の重なりの特質を意識した。そして、グループで祭りの「宮入」の場面をイメージし、どのような宮入にしたいかを考えて演奏を工夫した。最後にグループで宮入の道順の地図を示しながら囃子のパフォーマンスを行った。

2　平野だんじり囃子とは何か

大阪の平野地区に伝承されている平野郷夏祭りのだんじりにおいて演奏される囃子である。囃子方は鉦が中心となり、大太鼓と小太鼓と一緒に演奏する。そしてだんじりを動かす人々は、「おうた　おうた（追うた　追うた）」などの囃子詞を重ね、囃し立てる。平野郷夏祭りで一番賑わう場面は、お囃子を演奏しながらだんじりが杭全《くまた》神社の鳥居の前を何往復もし、最後は勢いよく鳥居に入っていくという「宮入」の場面である。この宮入も含め、だんじりの曳行は、地域の人々が一年間の平穏への感謝をだんじりの賑わいをもって杭全神社の神様に表すというものである。しかし現在は神社の祭りというより、地域の人々が平野という土地の活性化を願う町の人々の祭りとなっている。

3　教材化のポイント

(1)　音楽としてのおもしろさ

このお囃子の音楽としてのおもしろさは、囃子方の演奏に囃子詞が重なるところにあると考えた。このお囃子の［基層的リズム］にのって鉦、大太鼓、小太鼓が奏され、そこに囃子詞が重なってくる。囃子方の演奏では鉦のリズムが中心となって、鉦の甲高い音が響きわたる。囃子方の演奏と囃子詞によって、だんじりを引く人々はだんじりが道を進む速さや曲がるタイミングをお互いに示し合わせるのである。

授業では、囃子方の演奏と囃子詞が重なって奏される実際の祭りの映像を流し、映像を見ながら身体を動かして［基層的リズム］を感じる場面を設定する。自分たちも実際の祭りに参加しているような模擬空間をつくることを意図した。

(2)　音楽と他の表現媒体との関連

囃子方の演奏は囃子詞という言葉と重なって一体となり、その囃子方と囃子詞の重なりが生み出す動きにのって周囲の人々が踊るというように、音楽と言葉と動きが一体となっている。授業では、この音楽と言葉と動きの複数を同時に行う活動を常に設定した。クラス全員で囃子方の中の鉦の音源を流しながら、動きをつけて囃子詞をもって囃すという活動を設定した。

(3)　パフォーマンスを支える背景

平野郷夏祭りは、だんじりの賑わいをもって平野の杭全神社の神様に一年の感謝を表す祭りであるといわれている。実践校は平野地区に位置しており、その周辺に暮らしている子どもが多い。少し離れたところから通う子どもにとっても自分の学校が平野にあるという意識は強い。そこでこの祭りの「自分たちの住んでいる平野の賑わいを願う」という目的を子どもたちに伝え、自分と平野という地域とのつながりを意識させる場を設定した。すると「校区探検に行ったとき、町の人に色々教えてもらったな」「平野には子どもが遊べる施設がたくさんあるな」と自分と平野の地域とのつながりを振り返る発言が出た。振り返ることで「おじいさんが通学路を掃除してきれいにしてくれている」「いつも親切にしてくれてありがとう」というように、地域の人たちへの感謝の気持ちを意識していった。この祭りの目的を知って地元の人たちへの感謝の気持ちを意識したことは、自分たちが演じるだんじりの目的を自覚することにつながったのではないだろうか。

また、だんじりの曳行には平野の地形や町並みの様子が関係していることから、グループで「宮入」の場面をイメージして演奏するために、ルートとそのときの気持ちを地図に描かせた。地図を全員で描いていくことは、イメージと演奏の工夫の共有に直結していた。発表に向けて練習していく過程では、地図を指して「ここをこうしよう」と話し合って演奏していく姿が見られた。

4　学習過程における子どもの様子

経験	○平野だんじり囃子を視聴する。 ○「おうた　おうた」という囃子詞と足取りを経験する。 ○鉦の口唱歌と囃子詞を重ねて演奏する。

分析	○鉦と囃子詞の重なり（テクスチュア）を比較聴取し、重なりの特質を捉える。
再経験	○鉦と囃子詞の重なり（テクスチュア）を意識して、グループで「宮入」の場面をイメージし、お囃子の表現の工夫をする。
評価	○グループ発表をし、批評し合う。 ○平野だんじり囃子についてアセスメントシートに答える。

【経験】

はじめに平野だんじり囃子の音源を流し、平野だんじり囃子であることを全員で確認したあと、それからだんじりの「宮入（御神灯奉納を目的とした祭りの一番の見どころ）」の場面の映像を見た。子どもたちは、楽器の種類や囃子詞、だんじりの大屋根などの形状、人々が身につけている半被やうちわなど、それぞれが気づいたことを発表した。その発表の中で、囃子詞に伴っている動きに気づいた子どもがいたため、クラスの中で実際に祭りに参加している数人の子どもに動きを教わり、クラス全員で「おうた　おうた」という囃子詞と踊りの動きを経験した。

次に、教師は再びだんじり囃子の音源を子どもたちに聴かせ、鉦の音に注目させた。そして鉦のリズムの「コンジキジンジキ　ジンジキジンコン」という囃子方の間で伝承されてきた口唱歌を紹介した。そしてこの鉦の口唱歌に、その前に全員で経験した「おうた　おうた」という囃子詞を重ねて演奏し、子どもたちはクラス全員で平野だんじり囃子の「基層的リズム」を経験した。

【分析】

次に、鉦の口唱歌のみのものと、鉦の口唱歌に「おうた　おうた」という囃子詞が重なっているものとを比較聴取させた。その音源には子どもたちの授業中での活動の演奏を録音したものを使った。音源の前半では鉦の口唱歌のみを唱えているが、後半になるとそこに囃子詞が重なってくるというものである。子どもたちからは、前半の鉦の口唱歌のみのものには「一人ぼっちでさみしい感じ」「物足りない感じ」、後半の鉦の口唱歌に囃子詞が重なったものには「人がたくさんいて盛り上がっている感じ」「だんじりが進んでいく感じ」などの感受が出された。後半の感受は「鉦と囃子詞の重なり」の特質をイメージを通して感受したものである。

【再経験】

グループになり、鉦と囃子詞のパートに分かれて、だんじり祭りの「宮入」の場面をイメージしたお囃子の演奏を行なった。まずグループで「どのようなルートを、どのような気持ちで進んで鳥居に入る（宮入をする）のか」ということを表す地図を描いた。地図に描いたルートとそのときの気持ちを演奏で表すことが、グループの目標となる。例えば、写真3‐6（次頁）のグループが描いた地図は、「①入ると思ったら入らない」という気持ちで後進し、「②もどったら楽しい」という気持ちで後進し、「③やっと入った、やったあ！」という気持ちで鳥居まで前進し、鳥居に入るというものである。この地図のルートと気持ちをグループ内で共有し、一度全員で演奏してみては「もっとここは強く演奏しよう！」と地図の箇所を指しながら強弱や速度を即興的に変化させ、表現を発展させていく子どもたちの姿が見られた。

【評価】

【再経験】の場面で描いた地図を聴き手に示してから、すべてのグループが演奏発表した。地図はグループごとに異なるため、どのグループも独自のだんじり囃子の演奏ができていた。

鉦と囃子詞の重なりについての学習状況をアセスメント（評価）する場面では、自分の担当したパートとどのようなことを意識して演奏したのかを振り返り、シートに書かせた。子どもの記述には、「最後の鳥居に入っていくところは、やっと入った〜！　という気もちを表すために、強く、速くしました。」などの記述が見られた。

写真 3-6　グループで描いた「宮入」の地図

5　グループ活動における共通の経験や道具の有効性

【再経験】での活動は、グループで描いた「宮入」の地図がグループの子ども同士をつなぐ道具となった。地図に描いたルートや気持ちを理由に速度や強弱を工夫しようとグループのメンバーに提案することで、それが他のメンバーに共有されていく。そしてグループの演奏をさらによいものにしようと、自然とお互いの目や身体の動きを見てタイミングを合わせたり、「もっと盛り上がっている感じを出したいから動きをつけよう！」と【経験】の段階で全員で経験した動きや足取りもグループの演奏に取り入れたりする姿が見られた。これは、授業の過程で平野だんじり囃子の特質を捉えた共通の経験（足取りを全員でやってみる経験、全員で鉦と囃子詞を合わせる経験、祭りの映像など）を全員で共有したことがかかわっていると考える。

事例7　百舌鳥八幡宮の布団太鼓囃子

小学校3年生
表現領域／器楽分野

岡寺　瞳

1　実践の概要

布団太鼓囃子は囃子唄と太鼓で演奏される。布団太鼓の中にいる子どもが打つ太鼓に合わせて、大人は囃子唄をうたいながら布団太鼓を担ぎ練り歩く。

本実践では太鼓のリズムを指導内容とした。まず、布団太鼓を担ぐ動きをしながら太鼓のリズムの口唱歌をうたって、その後実際に太鼓を打った。その後、太鼓のリズムの口唱歌と囃子唄を重ね、布団太鼓の音楽の基本の型を経験させた。そして、最終的に、クラスで聴く人、太鼓を打つ人、囃子唄をうたう人に分かれて、囃子唄に太鼓を重ねた演奏の発表を行った。

2　布団太鼓囃子とは何か

布団太鼓囃子は、堺市にある百舌鳥八幡宮の月見祭で布団太鼓が奉納される際に演奏されるお囃子である。月見祭とは、三〇〇年以上前から、豊作祈願や生命を慈しむ放生祭と満月を祝う風習を併せて毎年行われてきた祭りである。

布団太鼓とは神輿のように担ぐものであり、太鼓台を担ぐ大人たちは、太鼓台の中で子どもたちが打つ太鼓のリズムに合わせて囃子唄をうたいながら練り歩く。布団太鼓の四方には大きな房がついており、重い太鼓台を持ち上げる動きにより太鼓台が揺れる動きと、それによって揺れる太鼓台についている房の動きを、囃子唄と太鼓に同調させるのが担ぎ手の腕の見せ所だといわれている。

3　教材化のポイント

(1)　音楽としてのおもしろさ

このお囃子の音楽としてのおもしろさは、太鼓のリズムと囃子唄の重なりが醸し出すゆったり、どっしりした雰囲気にあると考えた。太鼓のリズムは「スッテンドン　スッテンドン　スッテンドン　ドン　ドン」である。「スッテンドン」の「スッ」は片手で軽く打ち、「ドン」は両手で強調させて打ち、最後の二つの「ドン　ドン」は両手でさらに強調して打つ。つまり「ドン」で重みが感じられる。そして、最後の「ドン」から囃子唄がうたい出され、太鼓と囃子唄が重なる。この二つが重なることでゆったり、どっしりとした感じが生まれ、それが布団太鼓全体の雰囲気をつくっている。

そこで、本実践では太鼓の「スッテンドン　スッテンドン　スッテンドン　ドン　ドン」という［基層的リズム］の表れを口唱歌と身体とで捉えさせ、その後実際に太鼓を打ち、囃子唄を重ねるという学習とした。

(2)　音楽と他の表現媒体との関連

布団太鼓の担ぎ手である大人は、囃子唄と太鼓のリズムに足取りを合わせて練り歩き、打ち手と一緒にうたったりかけ声で合いの手を入れたりする。足取りは、神輿についている大房が左右にきれいに揺れるようにするために、できるだけ神輿が上下に動くように歩く。「スッテンドン」の「スッテン」で一歩前に進んで神輿は上に上がり、「ドン」で体重がかかることで神輿が下に下がるというように、担ぎ手全員が太鼓に合わせて足取りを揃えて歩く。それによって、太鼓の動きと房の動きとが同調し、この同調が祭りに参加している人々の一体感を生み出す。これは、音楽と身体の動きと視覚的オブジェの関連であるといえる。このことから、本実践では太鼓の口唱歌をうたう際に、太鼓を担ぐ足取りを簡易にした動き（「スッテン」で右足で一歩進み、「ドン」で左足を右足に揃えて両膝を曲げる）と太鼓（口唱歌も含め）と囃子唄を一緒に行う活動を設定した。

(3)　パフォーマンスを支える背景

実践を行った大阪府堺市の小学校の近くには「船待神社」があり、そこで毎年九月に秋祭りが行われ、三町の布団太鼓が奉納されている。そこでは、「百舌鳥八幡宮」の囃子唄と同じ囃子唄がうたわれており、打ち方にバリエーションはあるが太鼓のリズムも同じである。町内の布団太鼓に参加して太鼓を打っている子どもも数人いる。子どもたちにとって囃子唄は馴染みのある教材になる。

4　学習過程における子どもの様子

経験	○布団太鼓の祭りの映像を視聴する。 ○布団太鼓を担ぐ動きをしながら太鼓のリズムの口唱歌をうたう。 ○太鼓のリズムの口唱歌と囃子唄を重ね、布団太鼓の基本の型を経験する。
分析	○囃子唄と太鼓のリズムとの重なりがある演奏と、重なりがない演奏を比較聴取し、囃子唄と太鼓のリズムの重なりの特質を捉える。
再経験	○囃子唄と太鼓のリズムの重なりを意識して演奏する。
評価	○囃子唄と太鼓のリズムの重なりについてアセスメントシートに答える。

【経験】

まず、百舌鳥八幡宮布団太鼓の映像を見せた。子どもたちは見た途端「布団太鼓や！」「船待神社の出島（町名）みたい」と言い出し、太鼓を打つしぐさをする子、囃子唄を口ずさむ子が出てきた。次に、クラス全体で口唱歌をうたいながら布団太鼓を担ぐ動きを行うと、自然と太鼓を打つ動きをし出す子が出てきた。そこで太鼓の打ち方を教えると、「こっちのやり方（船待神社の布団太鼓）は……」というように、それとは少し異なる自分の町内の太鼓の打ち方を発言する子が出てきた。そこで教師は、その子どもを先生にして「船待神社」の打ち方の動きをクラスでやってみることにした。すると子どもたちが、先生役の子どもに対して「もう一回やってみて」「ゆっくりやって」と声をかけ、意欲的に太鼓の打ち方を教わろうとする姿が見られた。
次に、囃子唄を教師をうたってみせると、一緒に口ずさむ子、「囃子唄の最後の方だけ聴いたことある」「うたいたい」と言い出す子が出てきたので、子どもが口唱歌をうたって太鼓役を、教師が囃子唄をうたう役になって、太鼓が重なっている囃子唄をリレー奏で経験した。ここでは、「もういっちょう」という合いの手が子どもから出てきた。
ここまでの活動は、子どもが自分の布団太鼓の生活経験を、現在の教室での活動に結びつけたからこそ展開していった活動であったと推察する。つまり子どもの［生活経験の時空間］が関連づけられていたと考えられる。また、合いの手は［即興性］と捉えることができる。

【分析】

囃子唄の旋律に太鼓のリズムが重なるとどう変わるのかという、重なりの特質を捉えさせるために、囃子唄と太鼓のリズムとの重なりがある演奏と、重なりのない囃子唄だけの演奏を比較聴取させた。子どもたちからは「太鼓がある方が迫力がある、祭りらしい」という感受がでてきた。

【再経験】

囃子唄の特質を捉えた後、子どもたちは囃子唄を太鼓と重ねて演奏するために、太鼓役（口唱歌）と囃子唄役に分かれて、何度も重ねて演奏を行った。その際は、やってみて、太鼓（口唱歌）と囃子唄は合っていたかということを振り返り、子どもが問題を捉え、その解決策を考えもう一度試すというように子どもも自身の問題解決が行えるようにした。

【評価】

最後は、聴く人、太鼓を打つ人、囃子唄をうたう人に分かれて、囃子唄に太鼓を重ねた演奏の発表を行った。最後の演奏では、太鼓のリズムが少し詰まってしまったとしても、囃子唄をうたう子どもが太鼓のリズムに合うように待ったり、速くうたったりすることで、太鼓と囃子唄を重ねた演奏をすることができた。

ここでは、囃子唄が太鼓にズレてしまってもすぐに調整して合わせてうたうことができていたという点に「即興性」を見ることができる。それも、それまでに口唱歌と足取りを合わせることで「基層的リズム」が感じ取られていたからだと推察する。

5　自地域の文化の経験がもつ発展性

囃子唄が子どもにとって馴染みのある「郷土の音楽」であるからこそ、教科書教材では見えにくかった次の二点が見えてきたと考える。

一つは、自地域の文化と他地域の文化との関連づけである。本実践では、地域によって囃子唄の太鼓の打ち方が少し異なるということがわかった。子どもたちは、「百舌鳥はこうなのか、うち（船待神社）はこうだ」というような反応を見せながら学習を進めていった。このことから、馴染みのある布団太鼓であるからこそ興味をもって、自地域の囃子と他地域の囃子を結びつけていったといえるのではないか。このことを通して、今まで無意識だった自地域の文化を、意識的に再認識することが可能になると推察する。

二つは、自地域文化の経験がもつ発信力である。「郷土の音楽」を教材とする場合、教師よりも詳しくその教材を知っている「経験者」の子どもがいることがよくある。今回は、実際に太鼓を打った経験のある子どもが発言したことから、教師も他の子どもたちも、その子どもから太鼓の打ち方を学ぶという場面を設けた。そこで周囲の子どもたちは経験者の子どもに質問やら要望やら出してコミュニケーションが活発になった。このことから、「郷土の音楽」を教材とする場合、生活の中で子どもが得てきた知識や技能を最大限に生かすことが、子ども同士のコミュニケーションを促し、協働的な学習を実現する方法となるのではないかと考える。

事例8　大阪平野郷夏祭りだんじり囃子

小学校4年生
表現領域／器楽分野

藤本佳子

1　実践の概要

平野郷夏祭りだんじり囃子は、鉦・小太鼓・大太鼓の三種類の楽器によって演奏され、これらの囃子方（楽器の奏者たち）が、それぞれのリズムを重ねて演奏するものである。

本実践では鉦と大太鼓を取り上げ、速度の変化を指導内容とした。まず、平野郷夏祭りだんじり囃子に合わせて、身体を動かしたり、楽器のリズムを口唱歌で唱えたりして、このお囃子の「基層的リズム」を身体を通して感じられるようにした。そして、だんじりが町をどんなふうに曳行されていくのか想像させ、そのイメージを表すことができるように速度の変化を工夫させた。最終的には、グループごとに工夫した演奏を発表し、交流した。

2　平野郷夏祭りだんじり囃子とは何か

平野郷夏祭りだんじり囃子は、大阪市平野区にある杭全《くまた》神社の夏祭りにおいて、だんじり曳行の際に演奏されるお囃子である。九つの町内ごとに地車を所有し、勇壮な曳行を繰り広げる。

鉦の「コンジキジンジキ　ジンジキジンコン」というリズムの繰り返しがお囃子の中心となり、そこへ鉦のリズムを支えるような大太鼓のリズムと、合いの手のような小太鼓のリズムが重ねられる。さらに、そこへ「おうた　おうた」などの囃子詞がかけられることによって囃し立てられ盛り上げられる。

3　教材化のポイント

(1)　音楽としてのおもしろさ

このお囃子の音楽としてのおもしろさは、速度の変化にあると考えた。このお囃子の特徴は道の幅や周りの状況等だんじりの曳行の様子によって速度を変化させて演奏されるところにある。この速度の変化に[即興性]が発揮される。そして、広い道をだんじりが走り抜ける勢いの良さや、スピードにのって角を曲がるときの迫力などが醸し出される。

実践校の子どもたちの多くがだんじりを身近なものとしているため、だんじり曳行の速度の工夫をする中で、お囃子の演奏と自分たちの住んでいる土地の地形や道路や町の様子とを結びつけていくことができるのも本教材のおもしろいところである。

(2)　音楽と他の表現媒体との関連

だんじり曳行では、だんじりの上に乗っている人や、周りでだんじりを鼓舞している人々は、お囃子に合わせて飛び跳ねるような動き（動き）をしながら「おうた　おうた」と囃子詞（言葉）をかける。この動きが鉦の躍動感のあるリズムや大太鼓の支えるようなリズム（音楽）と同調する。この動きや囃子詞により、お囃子の躍動感がより感じられ、人々の高揚感や一体感が高まる。つまり、［基層的リズム］によって音楽と動きと言葉が一体となってパフォーマンスを成り立たせている。そこでは動きや囃子詞で見物人も参加している。

(3)　パフォーマンスを支える背景

杭全神社のある平野地区は平安時代では平野郷と呼ばれ、中世以来、町人による自治的な商業都市として栄えたとされている。夏祭りは、もともとは悪疫や天災を鎮めようと平安時代に始まった祇園会が祭礼となったもので、江戸時代中頃からだんじりなどの出し物が行われるようになったといわれている。現代ではだんじりの賑わいによって町に活気があふれることで神恩に報い、神威を高めることができると考えられており、「町衆の祭」として守り伝えられている(1)。祭りの背景には、だんじりで町を活気づけようという平野に住んでいる人々の思いがあると考えられる。

4　学習過程における子どもの様子

経験	○平野郷夏祭りだんじり囃子を演奏する。
分析	○速度の変化について知覚・感受し、イメージを表現する工夫への手がかりを得る。
再経験	○知覚・感受したことを意識して表現を工夫し、平野郷夏祭りだんじり囃子を演奏する。

評価	○グループごとに演奏を発表し、批評し合う。 ○速度の変化についてのアセスメントシートに答える。

【経験】

まず、だんじり曳行の様子の映像を見せた。そこでは、「これはどこの？（九つある町のうちどこのものか、という意味）」「流（ながれ＝町名）のや」など、どの町のだんじりが映っているのかに関心をもっている子どもが多かった。また、映像を見ながら、太鼓や鉦をたたくような素振りをしている子どももいた。これらの様子から、平野郷夏祭りだんじり囃子が子どもたちの［生活経験の時空間］にあることがうかがえた。

そして、鉦と大太鼓のリズムを捉える際には、実際の伝承方法である図形譜と口唱歌を用いたり、また、実際のだんじり曳行でもされている飛び跳ねるような動きをしながら「おうた　おうた」と囃子詞をかけたりして、身体全体を使ってリズムを捉えることができるようにした。このように実際の祭りの様子を再現するようにして平野郷夏祭りだんじり囃子の［基層的リズム］を捉えられるようにしたのである。

口唱歌を唱えながら、身体を動かしているうちに、「『おうた　おうた』じゃなくて『ヨイヨイ』でもいい？」という発言があったり、手をひらひらと（うちわであおぐ動き）動かし出す子どももいたりして［即興性］が見られ始めた。

口唱歌でリズムを捉えた後、実際に楽器を用いてグループごとに演奏した。ある学級では、一人の子どもが「みんなで合わせようや」と発言し、いくつかのグループが一緒になって演奏し始める様子が見られた。祭りにおいても、囃子方の演奏が合わなければだんじりは動かず、祭りは盛り上がらない。「みんなで合わせたい」という思いは、そういった生活経験の中から生まれたものであろう。

【分析】

ここでは、速度の変化について知覚・感受させるために、「速度の変化がないお囃子A」と「速度の変化があるお囃子B」の二つの音源を聴かせた。お囃子Bについては、速度が「遅い→速い→遅い→速い」のように変化するものを扱った。そこでは「速くなっていた」「速くなるだけじゃなくて、遅くなったりしていた」という発言が出た。

そして速度の変化の感受では、遅いところについては「だんじりがゆっくり動いている」「せまい道を慎重に行っている」、速いところについては「全速力で走っている」「国道（広い道）に出た」というイメージが出された。また、「遅い→速い→遅い→速い」という全体の変化を捉えて、「最初は『これから始まるよ！』という感じで、だんだん盛り上がって、その後休憩して、最後は大阪締めに向けてまた盛り上がっていく」というイメージをもった子どももいた。ここで出されたイメージは平野郷夏祭りだんじり囃子が子どもたちの［生活経験の時空間］にあるからこそそのものだといえる。

【再経験】

ここでは、【分析】での曳行のイメージをもとに、グループになって鉦や太鼓や囃子詞で平野郷夏祭りだんじり囃子を表現するという活動を行った。最初は、各自がイメージを記入したワークシートを持ち寄り、それを音にしてみるところから始めるようにした。

あるグループは、「遅い（気楽）↓速い（盛り上がる）↓遅い（いったん止まる、休憩）↓速い（クライマックス、もっと盛り上がる）」というイメージを表すために、演奏しては演奏の工夫のアイデアを出し、それを試すという方法をとっていた。

最初は「合わせて演奏する」ということに意識が向いていたが、それがある程度できるようになると盛り上がった感じを出すためにはどうしたらよいかを考えた。そこから「遅い部分を何回たたいたら速くしよう」や「速いところから遅くなるところは、だんじりが一回止まるから、お囃子一回止めよう」「最後に大阪締めを入れよう」など、自分たちのイメージを表すためにアイデアを出し合い、演奏を工夫していく姿が見られた。

【評価】

ここでは、各グループの演奏を発表した。演奏では聴き手だった他のグループの子までも呼び込み、自分たちの演奏に「おうた　おうた」と囃子詞を入れてもらうグループもあった。これらは、子どもたちが実際に生活で経験しているだんじり祭りを想起し、自分たちなりにお囃子を活気のあるものにしようと工夫した結果だといえる。

5　子どもから子どもへの伝承の広がり

実践校はだんじりが曳行される経路に位置しており、子どもがだんじり曳行を目にすることがあったり、中には、子ども自身やその保護者がだんじり祭りに参加したりしていることもある。つまり、本教材

写真 3-7　自分の半被を着て演奏する様子

は実践校の多くの子どもたちの［生活経験の時空間］にある教材であるといえる。授業の際には、祭りで実際に使っている提灯や半被を持参し、授業の間提灯を音楽室に飾ったり、半被を着て演奏したり（写真3－7）と、本来の祭りの盛り上がりを音楽室でも感じられるように子どもたち自身が空間づくりをしていた。

本実践においては、教師から子どもへ伝えるよりも、平野に住み、祭りを経験したことのある子どもから子どもへ伝えることが多く見られた。平野のだんじりについてよく知らない子どもも、よく知っている子どもたちと一緒に演奏したり身体を動かしたりしていく中で、［基層的リズム］が共有され、イメージを表すために［即興性］を発揮して速度以外の要素を変化させたり、お互いの意思を疎通させて演奏を合わせるために反復の回数を決めたりと、演奏の工夫につながった。

事例9　杭全《くまた》神社の御田植神事の謡い

小学校5年生
表現領域／歌唱分野

椿本恵子

1　実践の概要

学校の近くにある杭全神社（大阪市平野区）の御田植神事を取り上げた。それは能楽の様式に倣い、拝殿を田に見立てて演じる田植えの儀式である。その中で主役である翁の「シテ」と斉唱で謡いをする役「地方（じかた）」が掛け合う場面の謡いを取り出して教材とし、指導内容は「言葉の抑揚」とした。

実践では、まず、教室に儀式が行われる模擬空間を設定し、子どもたちにシテと地方との掛け合いの謡いを疑似体験させた。ここでは、一方的な指導にならないように、地域の伝承者・教師・子どもたちの三者による協働的な対話を中心とした。次に、謡いにおける言葉の抑揚を意識させ、それぞれ自分の住んでいる町名を入れて自分の町の豊作祈願を願うための謡いをつくらせた。謡いの豊作祈願については「総合的な学習の時間」での子どもたち自身の稲作体験と結びつけるようにした。そして最終的に、クラスの中でシテと地方と参拝者たちの役割を順番に担当して、所作と謡いによるパフォーマンスを発表した。

2　御田植神事とは何か

杭全神社の御田植神事は、拝殿を田に見立てて苗を植える所作をするなど、農耕の様子を真似して楽しく演じる「田楽」という民俗芸能である。元来、民衆が豊作を祈願し、神社に奉納する芸能であり、四〇〇年近く伝承されてきた。現在は五穀豊穣を祈願する行事として国の無形民俗文化財に指定され、毎年四月一三日に行われる。所作は、狂言や能の元となった「猿楽」の古い様式である。翁面を付けたシテが種籾を蒔き、最後に太郎坊と早乙女二人が苗に見立てた松葉で田植えの儀式を行う。このような所作に合わせてシテと地方が謡い神事は行われる。神事の中で蒔かれる種籾は「福の種」といわれ、神事が終わると、参拝者たちは福徳を願って蒔かれた種籾を集め持ち帰るのである。

3　教材化のポイント

(1)　音楽としてのおもしろさ

この御田植神事の謡いのおもしろさは「言葉の抑揚」にあると考えた。その理由は、御田植神事では、謡いの「言葉・音楽」と所作の「動き」が密接に結びついて演じられること、そして「シテ」と「地方」による情感豊かな謡いは、豊作を願う「シテ」や「地方」の気持ちから生じる言葉の抑揚の表現に由来す

ることにある

そこで言葉の抑揚がわかりやすい「種籾を蒔く場面」を選択した。この場面においては、地方が「大柑子《だいこうじ》を二つ並べて福の種を蒔こうよ」と謡う。それを引き継ぎ、シテは「○○の国の△△長者の福の種を蒔こうよ」と謡いながら、特定の方角を向いて大きく種籾を蒔く所作をする。このときの謡いの特徴は、種籾を蒔く大きな腕の振りという所作に合わせて、種籾に込められた豊作への祈願が「まこぉおよぉ〜」（蒔こうよ）と大きな抑揚をつけて謡われるところにある。この謡いにおいては謡い手の感性によって言葉の抑揚はいくぶん自由に表現される。そこに［即興性］を見ることができる。そこで、［即興性］が発揮しやすい「種籾を蒔く場面」における「シテ」と「地方」の謡いを主たる教材として取り上げることにした。

(2) 音楽と他の表現媒体との関連

前述したように、御田植神事では「所作」に合わせて「謡い」が行われる。「シテ」は、稲がより大きく育ってほしいという願いをこめて所作をすることから、言葉の抑揚を大きくし、さらに身体の動きも合わせて大きく表現する。謡いの「言葉・音楽」と所作の「動き」は、言葉の抑揚と言葉の意味内容によって結びつけられている。その土台には、演者の五穀豊穣を願う気持ちとそれを田の神や参加者に伝えたいという気持ちがあると考えられる。

(3) パフォーマンスを支える背景

子どもたちにとって、杭全神社は小学校の所在地である平野にある身近な場所である。学校でも生活科の町探検等で実際に出かけているので、名前には馴染みがあり、この神社のイメージをもつことができている。また、平野辺りに住む子どもたちにとっては、杭全神社は夏祭りで各町内の地車が宮入する神社として知られている。

しかし、このような神事がとりおこなわれていることは子どもたちにほとんど知られていなかった。3年生の社会科で地域の祭事を学ぶ学習でも写真で見るくらいで、実際に取材に行ったときでも言葉は何となく聞いたことがあるという程度であった。

そこで、本実践では、元来この神事の趣旨であった五穀豊穣の願いを子どもたちも感じられるように、「総合的な学習の時間」で行っていた学校園で実際に米を育てるという活動と関連させた。子どもたちが自らの米がより豊かに育ってほしいという気持ちを込めて活動することができるようにと考えた。

4　学習過程における子どもの様子

経験	○御田植神事の「種籾を蒔く場面」の演技を疑似体験する。
分析	○言葉の抑揚の異なる御田植神事の謡いを聴き比べ、言葉の抑揚の特質を捉える。
再経験	○言葉の抑揚を意識して、御田植神事の謡いの言葉を自分の住んでいる場所に替えて表現の工夫をする。
評価	○作り替えた御田植神事の謡いを発表し、聴き合う。

【経験】

まず、映像を通して御田植神事と出会う場を設定した。「これ、杭全神社じゃないかな？」「田植えっていっていた気がするな」「〝だいこうじ〟ってなんだろう。大きな工事をするってことかな」など、どこで伝承されているものであるか（地域性）、どのような想いが込められたものであるか（神事の意味）、何をうたっているのだろう（込められた思い）などといった文化的背景に子どもたち自らが迫ろうとする姿が見られた。

そこで、御田植神事においてシテを担っていた方（ゲストティーチャー）と出会う場を設定することで、子どもが自らの気づきを質問することできるようにした。「大柑子って、大きなみかんのことなんだな。太陽の光がふりそそいでほしいってことなんだろうな」「シテと地方がお話しているみたい。シテの人は、鍬で田んぼを耕したり、勢いよくお米の種を蒔いていたね。とてもたくさんお米ができそうだね」というように、地域の伝承者に質問し対話することを通して御田植神事の意味を理解していった。

そして、伝承者の演技を模倣して「所作」と「謡い」を体験する場を設定した。「指の先まで、ピンと伸ばして種を蒔くと、しっかりお米が育ちそう」「いいお米になってほしい、って気持ちが、勢いよく蒔く蒔き方にあらわれているね」「ぼくたちも、田植えをするから、このうたをうたったら、たくさんお米が育つかな」と、御田植神事に込められた人々の思いに迫るだけでなく、自らの生活へとつなげていこうとする姿が見られた（写真3‐8）。ここでは［生活経験の時空間］のかかわりを見ることができる。

写真 3-8　ゲストティーチャーとともにうたう様子

【分析】

「シテ」と「地方」の謡いについて「なんかそれぞれうたい方が違っている感じがする」という子どもの気づきをふまえ、抑揚のある謡いと棒読みのように抑揚のない謡いを比較聴取する場を設定した。ここでは、「〝福のたねを　まこぉおよぉ〜〟（抑揚つけて）ってうたっているほうが、〝まこーよー〟（抑揚なしで）より、言葉の抑揚がついているから、美味しいお米がより育ってほしいんだろうな」と、これまでの学習経験をふまえ、言葉の抑揚による特質を捉える姿が見られた。比較聴取により言葉の抑揚が御田植神事の謡いを特徴づける音楽的要素となっていることを捉えたと考えられる。そして言葉の抑揚が生み出す一連の独特のリズムとしての御田植神事の謡いの［基層的リズム］を感じたといえるのではないか。

【再経験】

子どもたちが御田植神事の謡いを自分たちの表現として演技できるような環境を設定した。教室を杭全神社の拝殿に見立てて、子どもたちに「シテ」「地方」「聴衆（福の種をもらう）」の役を振り、御田植神事の謡いに出てくる地名を自分の生活する地区名に替えてうたう活動とした。子どもたちは「確か、福の種は、その地域の場所に向けて蒔くっていっていたよね。ぼくは、〝生野の国〟（生野区居住）だから、うたに合わせて、北西の方を向いて蒔こう」「しっかりと〝まこぉおよぉ〜〟と〝こ〟のところを高く抑揚をつけてうたうことで、しっかり背の高いお米が育ってほしいという気持ちをこめよう」というように、「シテ」の謡いと所作のつながりを捉え、表現につなげていった。また「シテが蒔いたら、〝大柑子を二つ並べて福の種を蒔こうよ〟ってしっかりとうたわないと太陽がないから、お米がしっかりと育たないよ」「地方の人が、シテの人の気持ちをさらに強めているんだろうな」や「しっかりと抑揚をつけてうたっていると、その福の種が欲しくなるね」と、「地方」や「聴衆」の思いを捉えた発言もあった。

【評価】

評価の場面では、教室を大きな神社の舞台に見立て、子どもたちは「聴衆」と「シテ」、「地方」というそれぞれの役割を受け持ち、作り替えた謡いを発表した（写真３‐９）。その後の振り返りでは「言葉の抑揚をつけてうたっていると、より福の種をもらいたくなったよ」「地方が囃したててくれると、より気持ちを込めて（言葉の抑揚をつけて）うたいたくなった」「たくさんの人に福が届くように、しっかりと言葉の抑揚をつけてうたいたくなった」「豊作を目指したいから、福の種をたくさんもらいたくなった」と、それぞれの役割の気持ちにより迫る姿が見られた。

5　模擬空間における疑似体験の有効性

本実践では、御田植神事が伝承されてきた拝殿における空間に着目した。そして「シテ」と「地方」による音によるコミュニケーション形態、「聴衆」の存在、田んぼに見立て

写真 3-9　模擬空間の中で互いの表現を交流する様子

た「神殿」といった、伝承空間を成り立たせている諸要素を組み入れた模擬空間を教室に設定した。そこで子どもたちは「シテ」と「地方」と「聴衆」に扮して疑似体験を行った。

「聴衆にむけてしっかりと福の種が届くように、うた（言葉の抑揚）に合わせて、しっかりと指先までのばして福の種をまきたい」というように、この模擬空間において「シテ」と「地方」と「聴衆」の関係を意識して、音や所作や視線や間合い等による、御田植神事の非言語的なコミュニケーションを疑似体験で表現していた。伝承空間を授業の場の空間として再現することで、その音楽を支える文化的背景への理解を自らの体験として深め、さらには演奏表現の高まりにもつなげていることができると考えられる。

事例10　大阪天満宮天神祭天神囃子

小学校6年生
表現領域／器楽分野
藤本佳子

1　実践の概要

天神祭のお囃子は、笛、太鼓、四つ竹（二枚の竹板を打ち合わせる楽器）で演奏される。それに獅子が舞ったり傘を手にした舞子が掛け声をかけながら踊ったりするというものである。

本実践では、太鼓のリズムを指導内容とした。最初に天神囃子のパフォーマンスの映像を視聴し、お囃子だけでなく踊りなどの動きも含めて全体像をつかませた。そして、楽器を演奏する前に、それぞれのリズムを口唱歌で唱えたり傘踊りのステップを踏んだりして、天神囃子の［基層的リズム］を身体を通して捉えさせた。それから、太鼓や四つ竹の演奏方法を伝え、太鼓・四つ竹・傘踊りを交代しながら、一緒に演奏し、どの子どもも三つの役割すべてを経験できるようにした。そして、グループでリズムにのれるよう太鼓や四つ竹の鳴らし方を工夫させた。最終的には、教師の吹く笛にのせて、子どもたちは太鼓を打ち、四つ竹を振り鳴らし、クラス全員輪になって踊りながらお囃子のパフォーマンスを行った。

2　天神囃子とは何か

天神囃子とは「天神祭」で奏される囃子である。天神祭は、日本三大祭りのうちの一つに数えられる大阪天満宮の祭礼である。天神祭の起源は九五一（天暦五）年にあり、本実践で取り上げた天神囃子を演奏する天神講（天神囃子を演奏し練り歩く集団）も一七二四（享保九）年に誕生したといわれている。明治や昭和に諸々の事情により祭りが中断された時期もあったが、今もなお、一三〇万人を上回る見物人を引き寄せる魅力をもち続けている[1]。

天神囃子は、「テンツクテンツク　スッテンテンツク　テンツクスッテンテン」という太鼓のリズムと「タンタカタンタン　タンタカタンタン　タンタカタンタンタン」という四つ竹のリズムが重ねて演奏され、そこへ笛の軽快な旋律が重ねられる。太鼓と四つ竹のリズムは何度も繰り返し演奏され続けるが、そのリズムのまとまりとまとまりの間に「ソーレッ」という威勢のよい掛け声がかけられる。それにより、お囃子や踊りが一体感のあるものとなり、盛り上げられる。

3　教材化のポイント

(1)　音楽としてのおもしろさ

このお囃子の音楽としてのおもしろさは、太鼓のリズムにあると考えた。お囃子では、太鼓のリズム「**テン**ツク**テン**ツク　スッ**テンテン**ツク　**テン**ツクスッ**テンテン**（ソーレッ）」が反復される。このリズムの特徴は、「**テン**」でバチを大きく振り上げ、重みをかけて奏されるところにある。そして、そこからうきうきとした躍動感が醸し出される。

太鼓のこのリズムは「テンツクテンツク　スッテンテン……」といった口唱歌で昔から伝承されている。この口唱歌を唱えていると天神囃子の根底に波打つ［基層的リズム］が感じられてくる。［基層的リズム］が典型的に表れているこの太鼓の口唱歌を主たる教材として取り上げることにした。

(2) 音楽と他の表現媒体との関連

本実践で扱ったのは、天神講と呼ばれる人々が行うパフォーマンスである。このパフォーマンスは、笛、太鼓、四つ竹によって演奏される天神囃子（音楽）に合わせて、梵天、獅子舞、傘踊り（造形・動き）が行列になってステップを踏みながら進んでいくというものである。このステップは太鼓の「**テン**ツク**テン**ツク　スッ**テン**テン**テン**ツク　**テン**ツクスッ**テン**テン**テン**」のリズムパターンに合わせて足を「左〜、右〜、左、右、揃える」という動きを繰り返していく。このステップの特徴は、足を踏み出すときや足を揃えるときの動きの重みと、太鼓のリズムパターンの「**テン**」の強調とが同期していることにある。ステップを踏むことによって、天神囃子の［基層的リズム］を身体を通して捉えることができる。加えて、この一連のステップの繰り返しの間に「ソーレッ」という掛け声（言葉）をかけることによってパフォーマンスをする人の一体感や高揚感を生み出している。

(3) パフォーマンスを支える背景

大阪は、水運に支えられて経済と文化の中心的として発展した。飛鳥時代には難波津と呼ばれた港が大陸諸国との交易拠点として栄え、明治時代には「水の都」と呼ばれた。天神祭ではそのような大阪の地形が生かされ、船渡御《ふなとぎょ》（川岸から船で神輿を御旅所へ渡す神事）、陸渡御《りくとぎょ》（神輿を陸を歩いて川岸まで送る神事）といったさまざまな形で、街の繁栄の報告とさらなる繁栄への祈りが神様へ捧げられる。

今回扱った天神囃子は陸渡御の一つである。伊勢大神楽が起源だといわれている。それが各地に広まり、大阪ではその軽やかな曲調が人々に好まれ、大阪の夏祭りの定番のお囃子となったとされている。

4　学習過程における子どもの様子

経験	○天神囃子を視聴する。 ○映像のお囃子に合わせて口唱歌を唱え、踊りを踊る。 ○太鼓をたたく。
分析	○太鼓のたたき方を比較聴取し、リズムの特質を捉える。
再経験	○グループで、リズムの特質を生かし、お囃子の表現の工夫をする。
評価	○グループ発表をし、批評し合う。 ○クラス全体で輪になってお囃子のパフォーマンスをする。

【経験】


まず、天神祭で天神講がパフォーマンスをしている映像を見せた。そこでは、天神囃子にはどんな楽器が使われているかだけでなく、傘踊りなどの動きや、天神講の人たちがもっているものや服装にも興味をもって見ていた。中には、「実際に見たことがある」と発言した子どももいた。

映像を視聴した後、教師が太鼓のリズム、四つ竹のリズム、傘踊りのステップを紹介した。太鼓と四つ竹のリズムについては、まず教師が口唱歌を唱えて模倣させた。そこに希望者が輪になって盆踊りのように踊った。口唱歌に馴染んだところで太鼓の演奏方法（左右のバチの使い方）を伝えた。そして、太鼓・四つ竹・傘踊りを役割交代しながらクラスで一緒に演奏し、どの子どもにも三つの役割を経験させ天神囃子の「基層的リズム」が感じられるようにした。

【分析】

この「**テン**ツク**テン**ツク　スッ**テンテンテン**ツク　**テン**ツクスッ**テンテンテン**（ソーレッ）」という太鼓のリズムパターンの特質を捉えさせるために、「テン」の部分を強調した演奏と、「テン」の部分を強調していない平坦な演奏を比較聴取させた。

そこでは、「テン」を強調した演奏について、「盛り上がっている感じがする」「炎が燃え上がる感じがする」などの感受が出た。また、「テン」を強調していない演奏については、「まじめな感じがする」「棒読みみたいな感じがする」などの感受が出た。

【再経験】

比較聴取の後、実際の天神囃子の音源を聴かせた。そこで、子どもたちは実際の天神囃子では「テン」の部分が強調して演奏されていることを確認し、どうすればそのように演奏することができるか、技能的側面に注目しながら演奏し始めた。

また、四つ竹はどのように演奏したらよいか、傘踊りのステップの踏み方はどうすればよいかなど、考えていった。ここでは天神囃子と同じ起源をもつ生國魂神社《いくくにたまじんじゃ》の獅子舞に参加したことがある子どもが、ステップの踏み方について「上げている方の足を『クイッ』とする」と助言してくれた。それがきっかけとなり、他の子どもたちもステップの踏み方を意識するようになった。これは子どもの［生活経験の時空間］と教材が結びつき、学習に影響を与えたところである。

【評価】

ある子どもが演奏前、「ソーレッ」と掛け声をかけるときに、両手を口の横に当て、体を反らせるという動きをし始めると、その動きを一人また一人と真似し始め、動きと共に、声もさらに大きくなって盛り上がっていった。すると、お囃子がひと段落したとき、太鼓をたたいていた子どもたちが顔を見合わせて太鼓を〈♪ドドドドド……〉と連打し、「行くぜー！」と掛け声をかけ、〈♪ドンドン〉と太鼓をたたくと、周りにいた子どもがそれぞれに「オー！」と応えたことから、そこにお囃子の前奏が新たに生み出された。この場面では、お囃子による気持ちの高まりから、お囃子の前奏が即興でつくられ、［即興性］が発揮されたといえる。最後はこの前奏を入れてクラス全体でパフォーマンスを行った（写真3-10）。

写真 3-10　クラスでの天神囃子のパフォーマンス

5　子どもの生活経験から広がり深まる学習

実践対象の子どもたちの多くは日本三大祭りの一つである《天神祭》を知っていた。【経験】において「天神囃子は初めて知ったけど、天神祭なら知っている」「天神祭の花火なら見に行ったことがある」という発言があった。それ以外にも、「天神祭ではないけれど、近所の生國魂神社の獅子舞の音楽に似ている。獅子舞の足の動きと傘踊りの足の動きがいっしょだ」という発言もあった。

このように、大阪に住む子どもたちにとって、天神囃子とは初めての出会いであっても、天神祭そのものとは接点があったり、または、別の場所で天神囃子と同じ起源をもつものと接点をもっていたりしたことがわかった。そして、生國魂神社の獅子舞に参加したことのある子どもがステップの動きについて他の子どもや教師に教える場面もあった。これは、教師から子どもへという一方向だけではない「郷土の音楽」ならではの学習の様相といえる。

事例11　《丹波流酒造り唄》〈仕舞唄〉

中学校1年生
表現領域／歌唱分野

田中龍三

1　実践の概要

《丹波流酒造り唄》〈仕舞唄〉は、酒造りの仕事場で、頭（かしら）と蔵人（くらびと）が「音頭一同形式」（次頁3-(1)参照）でうたう唄で、櫂（かい）で醪（もろみ）をかき混ぜる身体の動きを伴う。

生徒は以下の流れで学習した。自分たちの郷土「池田」の酒造りの文化的背景について理解する。教師の範唱を模唱し、曲の雰囲気を感じながら歌詞と旋律を大まかに捉える。教師が頭、生徒が蔵人になり「音頭一同形式」でうたう。〈仕舞唄〉の文化的背景を理解する。グループに分かれて実際に櫂入れの動作を伴いながらうたい［基層的リズム］を身体化する。グループごとにどのような思いで酒造りをするかについてイメージし、櫂入れの動作を伴い音頭一同形式で唄って、自分たちがもった思いを表現するパフォーマンスを行い批評し合う。

2　酒造り唄とは何か

酒造り唄〈仕舞唄〉は、手作業で酒造りを行っていた時代に蔵人たちが作業の場で身体の動きに合わせて心情や思いなどをうたった唄で、特定の作詩・作曲者が作った唄ではない。また、当時は、頭が音頭をとってうたうことで、櫂で醪をかき混ぜる時間を調節していた。

酒造り唄には、夜間の冷気の中で行われるつらい作業でうたわれる唄もあるが、〈仕舞唄〉は、一日の仕事の終わりに全員で息を合わせて櫂入れをしながらうたう唄で、この櫂入れは嬉しく楽しい作業の一つとされている。そのため〈仕舞唄〉は生徒が、音頭一同形式で唄う頭や蔵人の心情を自身の生活経験と結びつけて想像しやすい教材と考えた。

3　教材化のポイント

(1)　音楽としてのおもしろさ

〈仕舞唄〉の音楽としてのおもしろさは、口承的に伝承されてきた仕事唄で、自然で無理のない民謡の発声でうたうこと、歌詞の中に生徒たちが居住している地域の地名や、その地にまつわる生活の様子が出てくること、頭が先唱者、蔵人が唱和者となる音頭一同形式で、掛け合い的にうたうこと、櫂入れの動作を伴い、醪をかき混ぜる櫂の動きに合わせてうたう中で、〈仕舞唄〉の基層的リズムとなる櫂入れをそろえる一定のリズムを感じながらうたうことなどにある。

生徒は、酒造記念館作成の資料や保存会作成の音源に基づき、現在の生活環境の中で当時の出稼ぎに来た酒造りの人たちの仕事場での様子や心情を想像し、自身が実際に棒を手に持って櫂入れ作業の動きをしながら［基層的リズム］を身体で感じてうたうことで、頭や蔵人の思いを、即興性をもって表現することになる。

(2) 音楽と他の表現媒体との関連

生徒は〈仕舞唄〉を、櫂入れの動作をしながら音頭一同形式でうたって表現するパフォーマンスを行うことになる。そこでは櫂入れのときの力の入れ方や櫂の動かし方が、酒造りの場で作業をする頭と蔵人それぞれの心情を表現するうたい方に関係すると考えられる。唄に櫂入れの動作を加え、イメージをもってうたうことで生徒に〈仕舞唄〉をうたう意味をもたせたい。

(3) パフォーマンスを支える背景

酒造りは郷土の伝統産業の一つである。江戸時代から丹波地方の農民が冬に杜氏や蔵人として、池田や伊丹、灘の造り酒屋に出稼ぎに来ていた。《丹波流酒造り唄》はその作業の場でうたわれていた唄で、それぞれの作業の場、働く者の力の入れ方や心情をうたい上げている。また、《丹波流酒造り唄》の歌詞は、郷土の名所旧跡を唄で旅するものが多く、〈仕舞唄〉には、有馬、山口（現在の西宮市北部）、小浜（現在の宝塚市東南部）、中山寺、池田、伊丹、大阪住吉大社と生徒になじみのある地名が出てくることからも生徒の［生活経験の時空間］にある教材といえるだろう。

4 学習過程における子どもの様子

経験	○酒造り唄の文化的背景を理解し、〈仕舞唄〉の基本の旋律をうたう経験をする。
分析	○音頭一同形式でないうたい方と音頭一同形式のうたい方の両方をうたい比べることで知覚・感受を通して音頭一同形式の特質を理解する。 ○櫂の動きをつけてうたったときと、櫂の動きをつけないでうたったときを比べることで知覚・感受を通してうたうことと身体の動きとのかかわりを理解する。
再経験	○音頭一同形式の特質を意識して、グループで櫂の動きをしながら、頭や蔵人の思いが伝わるよううたう。
評価	○櫂の動きを伴なった音頭一同形式によるパフォーマンス及び表現意図を発表し、批評し合う。

【経験】

(1) 「酒造り」が池田の伝統産業であることを小学校の総合的な学習などで学んだことから思い出し、その仕事に携わった杜氏や蔵人が丹波から冬の農閑期に丹波地方から出稼ぎに来た人たちであることなど（次頁、提示資料1）、池田の酒造りの文化的背景を理解する。

(2) 教師が、丹波杜氏組合酒造り唄保存会作成のＣＤの音源を真似て〈仕舞唄〉を範唱し、生徒は模唱して大まかに唄の雰囲気、歌詞、基本の旋律を捉える。［付録ＤＶＤ（経験）］

［提示資料 2］　丹波杜氏が出稼ぎに来ていた場所と〈仕舞唄〉に現れる場所〔【経験】(4)で提示〕[1]

［提示資料 1］　丹波と丹波杜氏が出稼ぎに来ていた場所との位置関係〔【経験】(1)で提示〕[1]

資料　「仕舞唄（しまいうた）」

「仕舞唄」は、三段仕込みの最後の「留添え仕込み」の翌日午後 4 時頃に発酵調節のために行う櫂入作業の時に歌われる唄です。

酒の元となる醪（もろみ）は、初添（はつぞえ）、仲添（なかぞえ）、留添（とめぞえ）の三段階に分けて造られます。

「仕舞唄」は、1 日の作業を終わり仕舞う前に、全員で櫂入れをする時の唄で、嬉しく楽しい仕事の一つだったようです。

酒造り唄にはどの唄にも一連の続き文句や名所旧跡を唄で旅するものが多く、この仕舞唄は、有馬より出て、山口、小浜（こはま）、中山寺、池田、伊丹、大阪住吉大社の浜と続きます。

一、お日はちりちり山端にかかる
　　わしの仕事は小山ほど
二、仕舞ていにゃるか有馬の駕籠衆
　　大多田河原をたよたよと
三、有り難いのは有馬の薬師
　　様の御病気が湯でなおる
四、様の御病気が湯でなおりたら
　　お礼参りは二人連れ

［配付資料 1］〈仕舞唄〉の解説と授業でうたう四番までの歌詞〔【経験】(4)で配付〕[2]

(3) 教師が表情に変化をつけてうたうのを聴き、その音現象の変化に反応することで、音頭一同形式の雰囲気やおもしろさを感じる。［付録ＤＶＤ（経験）］

(4) 丹波と池田の地理的な位置を、掲示した地図で確認し、出稼ぎ、頭と蔵人との関係、作業の様子、〈仕舞唄〉の歌詞の意味等（前頁、提示資料２、配付資料１）、文化的背景を理解し、グループになり、音頭一同形式でうたいながら実際に櫂に見立てた棒を動かしてみる（写真３-11）。

経験の学習過程では、〈仕舞唄〉と出会うときに、現在の生活の場である池田の様子から、酒造りが行われていた時代の池田の様子を、自分の経験とかかわらせて想像し、その想像の中で〈仕舞唄〉をうたった。

写真 3-11　〈仕舞唄〉に合わせて櫂を動かしてみる

【分析】

(1) 音頭一同形式にせず、頭の箇所と蔵人の箇所を全員で通してうたってみて、音頭一同形式でうたったときとの違いを知覚・感受し、対話的なうたい方のおもしろさに気づく。

(2) 櫂を持たずにうたったときと、櫂を動かしてうたったときとを比較聴取して、表現された唄の聞こえ方の違いや、うたっているときの気持ちの違いに気づく。

分析の学習過程では、生徒は知覚・感受を通して音頭一同形式の特質を理解すると共に、櫂を動かす身体活動と一体となってうたうこととの関係を理解した。

【再経験】

(1) グループで、音頭一同形式の特質を意識してうたう中で、蔵人の箇所をうたう生徒は頭の先唱を知覚・感受することで、頭の心情や作業上の意図を想像して、うたい方を工夫する。同様に、頭の箇所をうたう生徒は蔵人の唱和を知覚・感受することで、蔵人の心情を想像して、次の先唱のうたい方を工夫する。

(2) グループで櫂を動かしながらうたう中で、櫂の動きと声の変化の関係を意識して、頭の心情や作業上の意図を共感的に捉え、共感したことが櫂の動きを伴って唄で表現できるように、櫂の動かし方を工夫する。

再経験の学習過程では、各グループが発表前の練習の中で、櫂の動きをそろえてうたう中で〈仕舞唄〉のもつ［基層的リズム］を身体化した。そして、郷土の伝統産業である酒造りの場に擬似的に身を置いて［生活経験の時空間］の中で表現意図を形成し、音頭一同形式で［即興性］をもって対話的にうたった。

【評価】

(1) グループごとに、どのような表現意図をもったかを発表し、パフォーマンスを披露する。

(2) グループごとの発表について互いに批評し合う。

評価の学習過程では、各グループがパフォーマンスを発表し、批評し合うことで、自分たちの表現意図や表現の工夫、習得した技能が音楽表現として他者にどのように伝わったのかを知り、この単元での学習成果を省察した。

5　酒造り唄で求められる新たな技能

《丹波流酒造り唄》〈仕舞唄〉は楽譜で示された楽曲ではなく、口承的に伝承されてきた民謡であるため、これまで技能として求められてきた正確な音高や音価について間違いなくうたうという要素は含まれない。そのため生徒はイメージした状況や想起した心情をうたって表現することに専念できる教材としての特性があると考える。〈仕舞唄〉で求められる技能には、音高や音価を正確にうたうことの前提となる、思いや意図をもつこと、その思いや意図が演奏を通して人に伝えられるかの部分が求められる。つまり、酒造りの場に身を置いて［生活経験の時空間］の中で表現意図を形成することができる力、櫂入れをそろえるための［基層的リズム］を感じ身体化できる力、頭と蔵人で櫂を動かしながら音頭一同形式でうたうときに［即興性］をもってコミュニケーションをとることができる力が新たな技能として求められるのである。それは〈仕舞唄〉の音頭一同形式が、例えば《河内音頭》のように、先唱者が歌詞のほとんどをうたい、唱和者が合いの手だけをうたう形ではなく、先唱者と唱和者が一緒になって唄を進めていく形になっているからと考える。

事例12　文楽《新版歌祭文》〈野崎村の段〉

中学校3年生
表現領域／歌唱分野

楠井晴子

1　実践の概要

文楽は、太夫の「語り」、三味線の「音色」、人形の「動き」の三業が一体となって構成されている。本実践では、主に太夫の「語り」と三味線の「音色」の重なりを意識して文楽を語るという課題を設定した。三味線がある場合の「語り」とない場合の「語り」を知覚・感受させ、「語り」における三味線の効果を実感させた。その後、「語り」に登場人物の心情に合ったオリジナルの三味線パートを付けて三味線の重なりを意識してセリフを語った。

2　文楽とは何か

文楽は、太夫と三味線による義太夫（音楽）と人形との三業で成立している、大阪発祥の伝統芸能である。淡路の浄瑠璃語り、文楽軒が大坂に出て小さな小屋をつくり、そこで興業を始めたのが起源とされている。幕末の関西において、浄瑠璃は関西人の日常生活に入り込むほどに流行をした。当時の関西では、浄瑠璃で語られる名文句を多くの人がそらんじて語ったという(1)。

文楽は大きく「時代物」と「世話物」という二つのジャンルから成る。この「時代物」と「世話物」とでは語られる言葉の抑揚が異なる。「時代物」で描かれている世界は、武家や公家の世界である。ここでの登場人物が話す言葉の抑揚は、必ずしも大阪弁の抑揚ではない。一方、「世話物」で描かれているのは庶民の世界である。よって、セリフの中の言葉の抑揚も基本、大阪の庶民が話す大阪弁の抑揚で語られる。

3　教材化のポイント

(1) 音楽としてのおもしろさ

文楽の音楽としてのおもしろさは、太夫と三味線による義太夫にあると考え、指導内容を「語りと三味線の重なり」とした。

太夫は一人で多くの登場人物を「語り」で表現するが、太夫の「語り」だけでは表現できない部分を三味線が助ける。太夫を夫、三味線を女房と一般的には形容されるが、女房の支えがあって初めて夫である太夫の「語り」が生きてくるのである。義太夫の三味線は、単に語りに音を付けるだけの伴奏楽器ではない。三味線の音色やその余韻は、太夫が語る登場人物の心情をリアルに表現する助けとなっているのである。

(2) 音楽と他の表現媒体との関連

文楽は三業一体と呼ばれる通り、太夫の「語り」、三味線の「音色」、人形の「動き」の三つが合わさり、これらがコラボレートされた形で統合されたパフォーマンスである。太夫の「語り」と三味線の「音色」によって表現される登場人物のさまざまな喜怒哀楽の感情は、人形遣いを通して人形にこめられ、人形遣いが操作する人形の微妙な「動き」でもって、さらにリアルで深い、ダイナミックな表現となる。

(3) パフォーマンスを支える背景

文楽は、大阪発祥の、基本的に大阪弁の抑揚で語られる伝統芸能である。多くの生徒たちが暮らす地域の近くには国立文楽劇場もある。生徒たちは、文楽自体にはほとんどかかわりをもってはいないが、文楽につながる環境で生活をしているという［生活経験の時空間］がある。

また、本実践では、文楽の中でも「世話物」と呼ばれるジャンルにある《新版歌祭文》より〈野崎村の段〉を教材に用いた。「世話物」とは、町人社会の義理人情や恋愛などの心の葛藤を描いたもので、そのテーマは現代社会にも通じると考えられる。そして、〈野崎村の段〉の中でも「お染」と「久松」の二人の恋物語に焦点を当てるのではなく、「お光」と「久作」親子をクローズアップさせて教材化を図った。この二人の親子の心情は、生徒の共感を得やすいと考えたからである。

4　学習過程における子どもの様子

経験	○文楽《新版歌祭文》より〈野崎村の段〉の一部をＤＶＤで視聴し、登場人物のうち、「お光」と「久作」の心情の変化を追い、ワークシートに記入。意見交流を行う。 ○選んだ場面を現代大阪弁に訳し、それに簡単な動きも付けて班で語って発表する。 ○太夫の「語り」を聴きながら、太夫を真似て語り、うたってみる。
分析	○「三味線がない語り」と「三味線がある語り」を比較聴取し、「語り」と三味線の「音色」の重なりを知覚・感受し、表現への手がかりを得る。
再経験	○情景や心情に合った、自分たちで考えた三味線パートを入れて語り、うたう。 ○班で考えた三味線パートと共に、「語り」と人形の「動き」の三業に分かれて、「お光」または「久作」の場面を発表する。
評価	○班で考えた三味線パートと共に、一人で語り、うたう。

【経験】

物語のあらすじや登場人物の心情を知るため、映像のダイジェスト版を鑑賞し、「お光」と「久作」の心情の変化を追った。その後、「お光」と「久作」のセリフのうち、自分の好きな方、語ってみたい方のセリフを選び、選んだ方のセリフを班に分かれて現代の大阪弁に翻訳し、班ごとに、生徒自身が人形になりきって動作を入れながら発表をし合った。この場面は大いに盛り上がった。生徒たちは、現代の大阪弁に翻訳したもので語り、演じることによって、登場人物の心情を、自分たちなりの解釈で受け止めているようであった。

例えば、以下は、「久作」の場面を選んだある班が考えた翻訳セリフである。

「久作も手を合わせ『何にも言わへんから、この通りでんがな！　この通りでんがな～！（「お光」と「久松」を）夫婦にめっちゃしたいということに気を取られ、娘の気持ちに気づかず、娘の髪を、つるつるにしてしもて……。すべて俺が鈍感やったからや！　許してくれ！』って言うも、もごもご口ごもり、聞こえない位の声で泣いています。」

以上のセリフに合わせて、「久作」の動作担当役の生徒は、歌舞伎俳優ばりのダイナミックな演技で「久作」の心情を表現していた。

また「お光」の場面を選んだ班は、『（噂に）よう聞いた、油屋の、もしかしてお染とちがうん?!』と、初めての嫉妬で、その心のモヤモヤをなますと一緒にかき混ぜ、まな板を押し、戸口に近づき、『見れば見る程、べっぴんやな～！　あんた！　そんなかわいい顔して、久松さんに会わしてくれって？　ふん!!　そんな人知らんわ！　ほかに尋ねてくれますか！　アホちゃう！』」と、嫉妬に激しく狂う「お光」の女心を、誰の目からも理解することができる「動作」でもって表現していた。また、この場面では、文楽を楽しみ、親しみを感じながら、楽し気に活動している生徒たちの様子が印象的であった。班発表では、各班におけるセリフや動作の工夫を興味深げに見ている様子が見られた。その後、登場人物の心情を想像しながら、オリジナルのセリフを太夫の「語り」を真似て全員で語った。

【分析】

「語り」と三味線の「音色」の重なりを知覚・感受させる場面である。この場面は、国立文楽劇場の三味線奏者である鶴澤清介氏をゲストティーチャーとして、授業者と共に授業を進めた。

教材として生徒たちに提示している「久作」のセリフを、「三味線がない場合の語り」と「三味線がある場合の語り」とで比較聴取させた。「三味線がない場合の語り」は、「ただ語っているだけでイメージがわかない。久作の心情が伝わってきにくい」のに対して、「三味線がある場合の語り」は「情景や心情がより伝わってくる。久作のお光に対するすまないという思いが伝わってくる」といった生徒の発言があった。

「語り」における三味線の効果を知覚・感受した生徒たちは、ゲストティーチャーの三味線に合わせて「お光」・「久作」のセリフを語り、「語り」に三味線が加わる効果を実感した。

【再経験】

「語り」に登場人物の心情に合った自分たちのオリジナルの三味線パートを付けて、三味線の「音色」の重なりを意識してセリフを語る場面である。四人一組の班に三味線一丁を渡し、「お光」あるいは「久作」の心情に合った三味線パートを班で作り、それに合わせてセリフを語った。

生徒たちの多くは、三味線に初めて触れたという生徒たちではあったが、バチを使わないで素手による自由な音探究を促すと、三味線の音色に真摯に向き合い、登場人物の心情に合った音色や奏法の探究をしている姿があった。例えば、「久作」の場面を選んだある班からは、『しのび泣き～』のところは、ほんまに泣いているみたいに、音（音高）をだんだん上げていったらどうやろ。それで、最後は、またどんどん音（音高）を下げていったら、泣いてる感じがでると思う」といった意見交流が見られた。

こうして作った三味線パートと共に、班で語り手と人形役に分かれて「お光」または「久作」の場面を発表した。人形役は身体の動きによる演技を行った。

そして最後は人形役の動きを付けずに一人で、素浄瑠璃の形で、班で考えた三味線と共にセリフを語る場面をもった。「セリフだけだと間延びして白けてしまうけど、三味線が入ってくれることで一体感がでて、気持ちを入れて語りやすい」といった生徒からの発言があちこちからあった。さらにまた、「動きがあった方が語りやすい」という意見が圧倒的であったことから、文楽の三つの要素が三業一体となって、文楽という芸能の［基層的リズム］を生み出しているのを感じているのではないかと思われる。

【評価】

最後は、班で考えた三味線パートと共に、一人で語り、うたう場面である。発表をするたびに生徒たちの演奏が変わっていった。「語り」に常に寄り添う三味線が変化することで、「語り」もそれに呼応するように変化していった。また、語り手の、その時々の微妙な心情の変化が「語り」にダイレクトに反映された形になっていた。以上のように、「語り」からパフォーマンスの［即興性］が随所に見られた。それは、三業のうちの一つの要素が即興的な変化を示すと、残りの要素にも波及し、結果、即興的に上手く混ざり合ってコラボレートしていく様と見ることができよう。

5　成果としての生徒の自主上演

文楽の授業をした後、授業で用いた教材の続きの台本を自分たちでオリジナルに創作し、修学旅行時の余興として、学年全体の場で上演した生徒たちがいた。

生徒たちが創作した台本のセリフを聞いてみると、見事に大阪弁の抑揚であった。普段、生徒たちが生活で用いている大阪弁の抑揚が、文楽の「語り」の抑揚と同じである点から、文楽をすんなりと自分たちのものにすることができたのではないかと考える。また、登場人物になりきって、そのキャラクターに合った声色を工夫して語る様も見事であった。そして、最後に生徒たちがいったのが、「文楽って、オモシロい!!」という言葉であった。

江戸時代の日本人の人間的葛藤をドラマにした大阪発祥の伝統芸能である文楽が、はるかな時を超えて、二一世紀に生きる中学生に、身近な存在として受け入れられたのである。

事例13　阪南市秋祭りやぐら囃子

中学校3年生
表現領域／器楽分野

大和　賛

1　実践の概要

やぐらのお囃子は笛と太鼓で演奏される。二輪の山車を引いて歩きながら太鼓と笛を演奏し、それに引いている人たちが囃子詞や歌を入れるものである。

本実践では笛と太鼓の重なり（テクスチュア）を指導内容とした。実際に太鼓をたたく前に、太鼓のリズムの口唱歌を唱えさせ、やぐら囃子の［基層的リズム］を身体を通して捉えさせた。そして口唱歌を唱えながら太鼓を順番にリレー奏で打たせ、そこに教師が笛の旋律を重ねた。その後、グループになって実際の祭りの一場面を設定し、その情景をイメージして太鼓の演奏を工夫し発表した。

2　やぐら囃子とは何か

「やぐら」とは、大阪の南に位置する泉州地域の五穀豊穣を祝う秋祭りの際に曳行される山車の名称である。町ごとにやぐらの山車があり、町内の人々が曳行する。やぐらの曳行の際に演奏されるお囃子が「やぐら囃子」である。やぐらの曳行に合わせて、やぐらの後ろにはめ込まれている太鼓と笛が演奏される。お囃子はそれぞれの町で少しずつ異なっており、それぞれのお囃子が伝承されてきている。

3　教材化のポイント

(1)　音楽としてのおもしろさ

このお囃子の音楽としてのおもしろさは、太鼓と笛の旋律の重なりにあると考えた。太鼓のリズムにのって笛の旋律が流れると、太鼓はその流れに沿うようにある音を強調したりフレーズを区切ったりして笛の旋律と一緒になって波のような緩急を生み出していく。それがやぐらの山車のゆったりと上下に揺れる動きと結びついており、ここにこの囃子の［基層的リズム］が感じられる。

ただし、実際に演奏されている太鼓のリズムは複雑でいくつものパターンで構成されているので、それらすべてを授業で扱うことは難しい。そこで地域の伝承者に、お囃子の特徴を残しつつ、授業で扱える箇単な太鼓のリズムパターンを教えていただいた。また、授業で口唱歌を用いることは有効であると考えていたが、伝承に太鼓の口唱歌は使われていなかったので、授業では「トットッドンストドッスンドン」という創作した口唱歌を提示した。

(2) 音楽と他の表現媒体との関連

このやぐら囃子では、太鼓と笛によるフレーズのまとまりが反復されて、ゆったりと揺れるリズムを生み出すのが特徴である。このゆったりとした揺れは、やぐらを曳行していくときのやぐらの揺れと同期しているように感じられる。普通は四輪のやぐらが多いが、このやぐらは二輪である。そのためやぐらは上下に大きく揺れる。引き手はこのやぐらの上下の揺れを感じながら、それと同期して流れるお囃子の太鼓と笛の重なりを味わっていると思われる。

(3) パフォーマンスを支える背景

やぐら囃子は京都の祇園祭にルーツをもち、京都から奈良、和歌山、大阪の泉州へと伝わってきた。もともとは地車（だんじり）のような四輪の山車であったが、和歌山の紀伊山脈を越える際に、山道に適した二輪へと変形された。山車が二輪になったことから、それに伴うお囃子もゆったりした揺れを生み出すようなものとなったのではないかと、ここに音楽と地形との関係をうかがい知ることができる。

本実践での最終発表では、それぞれのグループが祭りの中から一場面を選択し、場面のイメージを共有し、工夫して演奏した。ここで場面のイメージを共有していく過程では、普段自分たちが住んでいる場所、普段歩いている道など、その情景にただよう空気をグループ全員が肌で知っているということが大きくかかわっていたということが発言から推察できた。その地域の場所に特有の空気を知っているからこそ、グループでイメージが共有でき「もっとこうしようよ」と見通しをもって演奏を発展させていくことができたのではないかと考える。

4　学習過程における子どもの様子

経験	○秋祭りの映像を視聴する。 ○太鼓のリズムパターンの口唱歌を唱え、リレー奏で太鼓をたたく。 ○笛の旋律と合わせて太鼓をたたく。
分析	○笛と太鼓の重なり（テクスチュア）を比較聴取し、重なりの特質を捉える。
再経験	○グループで、笛と太鼓の重なり（テクスチュア）の特質を生かし、お囃子の表現の工夫をする。
評価	○グループ発表をし、批評し合う。 ○笛と太鼓の重なり（テクスチュア）とやぐらの祭りについてアセスメントシートに答える。

【経験】

はじめに生徒たちは、やぐらのパレードの映像を見た。映像を見ながら生徒たちは、「あ、○○のお父さん映ってる」や「この日祭り見に行ってた！」など、それぞれ気づいたことや祭りの日の自分たちの思い出について話していた。気づきの発言には「太鼓と笛の音が聴こえてきた」や「音頭が聴こえてきた」「やぐらは上下に揺れて動く」などがあった。次にやぐらの動きについて、「なぜ上下に揺れると思いますか」と教師が問うと、生徒から「二輪だから」という意見が出た。その意見に対して更に「やぐらは四輪から二輪に変わりました。なぜ二輪に変わったのでしょうか」と問うと、「重いから」「曲がりにくいから」「道細いから」「山やから」と、自分たちが住んでいる地域とやぐらの曳行を結びつけて祭りの歴史的な背景について考えていった。このことから［生活経験の時空間］が想起されたと見ることができる。

映像を見たあと、教師は太鼓のリズムを打ってみせ「トットッドンストドッスッドン」という太鼓の口唱歌を提示し、全員で口唱歌を唱えながら太鼓を打つ練習をした。その後、実際にクラス全員が順番にリレー奏をして打った。リレー奏の中で生徒たちは打ち方を教え合ったり、となりで打つ友だちと目や身体の動きを合わせたりしていた。このようにして生徒たちはリレー奏を通してこのお囃子を通底する［基層的リズム］を経験していった。

【分析】

生徒が太鼓を打つことに慣れてきた頃に、そこに教師が笛の旋律を重ねてみた。生徒たちは一瞬驚いた表情を見せたが、戸惑うことなく太鼓をたたけていた。リレー奏が終わったあと、「笛が重なるとどんな雰囲気になった？」と問うと、「ほんまの祭りみたい！」や「秋っぽい！」と発言した。次に笛だけのお囃子と笛と太鼓が重なったお囃子を比較聴取し、その特質を個人のワークシートに記述した。ワークシートには「笛だけの時は静かな感じで夜深い時に数人でいる感じだけど、笛と太鼓が重なると周りに響いて祭りがにぎわっている感じ」などを記述していた。比較聴取の後、教師が「にぎわっている感じを表すためには、どうすればいい？」と問うと、生徒から「力強くたたいたらいい」などの意見が出、それを実際に試して再度リレー奏をした。リレー奏の中で「もっと祭りっぽくするために声を入れよう」となり、笛の旋律のフレーズの区切りで打ち合わせもなく数人の生徒から「おーれい！」という合の手が入った。それを聴いた周りの生徒たちは笑いながら拍手をして賛同し、クラス全員でその合いの手を入れながら太鼓を打つようになった。これは［即興性］の発揮といえるだろう。

【再経験】

リレー奏の後に教師は、「グループで表現したいやぐらの場面を決めて演奏する」という課題を出した。生徒たちは、やぐらが宮入する場面や祭りが終わって各町内へ帰る場面など、さまざまな場面や時間帯のやぐらの映像を見たり自分たちの経験を参考にしたりしてグループで話し合い、演奏したいやぐらの場面とそのための演奏表現の工夫を決めていった。あるグループは「宮上がりの場面を演奏するために、強く激しく太鼓をたたく」と決め、一回たたいては改善点を挙げていた。どのグループの活動にも演奏にも、グループごとに［即興性］が発揮されていた。

写真 3-12　やぐら　宮上がり

【評価】

最終発表では、グループごとに演奏するやぐらの場面とそのための演奏の工夫を伝えてから演奏した。すべてのグループが異なったそれぞれの表現意図をもっているため、それぞれの様子が伝わってくるやぐら囃子の演奏であった。

5 全員参加を成立させる教材

今回の実践で特に印象に残っているのは、【分析】で笛と太鼓の重なり（テクスチュア）を知覚・感受したあと、全員でリレー奏する場面である。「にぎわっている感じ」という感受したことを表すために、生徒たちから自然と囃子詞や手拍子が加わった。太鼓をたたく生徒、囃子詞を入れる生徒、手拍子をする生徒、すべての生徒が自主的に活動に参加していると実感できる場面であった。音楽室と祭りの場という違いはあるが、全員が参加しているという様子は、祭りと同じであると感じた。

このように音楽室が祭りの場のようになったのは、［生活経験の時空間］の共有にあると考える。生徒は、祭りの映像、口唱歌、太鼓の演奏、笛と太鼓の重なりの特質といった授業の過程で共有した内容、同じ地域に生まれ育ち見聞きし触れてきたもの、教室内で起こる毎日の出来事など、すべて含めてクラスメイトと共有している。生活での時空間を共有しているからこそ、誰かが周りに囃子詞を入れたり手拍子を打ったりする働きかけをしたときそれに応え、一緒に盛り上げて演奏していったのではないかと考える。

注

事例3 百舌鳥八幡宮の布団太鼓囃子

(1) 《布団太鼓囃子唄》石山の秋の月 月に群雲花に風 風の便りは阿波の島 縞の財布に五両十両 ゴロゴロ鳴るのは何じゃいな 地震雷あと夕立 ベーラベーラ ベラショッショイ

(2) 歌詞の句と句の間に入れられる「あぁどうした」や、歌詞の中にある「ベーラベーラ ベラショッショイ」、またその後に入れられる「もういっちょ」などがある。

(3) 百舌鳥校区自治連合会、百舌鳥校区福祉委員会「もずだより」二三号、平成二六年八月五日。

事例4 神戸谷上農村歌舞伎

(1) 間とは、間合いとか息づかいとかタイミングというような意味で日常生活でもよく使われる言葉であるが、ここでは芸術における間という意味で使う。打たれた拍子と拍子のあいだの音のないところをいう。

事例8 大阪平野郷夏祭りだんじり囃子

(1) 杭全神社ホームページ（http://kumata.jp）、平成三〇年四月閲覧。

事例10 大阪天満宮天神祭天神囃子

(1) 産経新聞掲載記事大阪地方版の天神祭の記事を参考にした。二〇〇九（平成二一）年六月二四日（水）二〇面、七月一日（水）二四面、七月八日（水）二二面。

事例11 《丹波流酒造り唄》〈仕舞唄〉

(1) 丹波杜氏酒造記念館展示パネルを参考にして筆者が作成。

(2)　丹波杜氏組合酒造り唄保存会作成『丹波流酒造り唄』CD及び歌詞集を参考にして筆者が作成。

事例12　文楽《新版歌祭文》〈野崎村の段〉

(1)　藤田洋編『文楽ハンドブック第3版』三省堂、二〇一一年、一四頁を参照。

事例13　阪南市秋祭りやぐら囃子

〈参考文献〉

・桧本多加三編集『泉南だんじりとやぐら』堺泉州出版会、二〇〇三年。

2　園や学校での実践事例

実践1　大阪締めの幼稚園生活への導入

小林佐知子

1　実践の概要

大阪締めは、大阪で伝承されてきた手締めである。手締めとは「物事の決着や成功を祝い、みんなが拍子を合わせて、掛け声とともに手を打つこと」という意味をもつとされ(1)、諸々の出来事の締めくくりで行われるパフォーマンスである。

本実践では、この大阪締めを生活に生きる伝統音楽として捉え、幼児の幼稚園生活に導入した。具体的には、毎日の帰りのあいさつを大阪締めで行い、幼児が一日を大阪締めのパフォーマンスで締めくくるというかたちをとった。そしてその過程において、大阪で伝承されてきた行事における大阪締めのパフォーマンス映像を見て気づきを交流し、気づきをもとにパフォーマンスを行う保育を実践した。

2　大阪締めとは何か

(1)　大阪人の生活と大阪締め

大阪締めは、「打ちまひょ『パンパン』　もひとつせ『パンパン』　いおう（祝う）てさんど（三度）『パパンパン』」という手締めである。

大阪締めの正確な起源は不明であるが、江戸時代に北浜のコメ市場で交わされた売買成立の証、生國魂《いくくにたま》神社《じんじゃ》の例祭で用いられていた手締めの短縮版など、諸説ある(2)。このことから、大阪締めは、「商人」である大阪人の生業や祭りなどの行事と結びついた音楽として伝承されてきたといえる。このような結びつきは現在も変わっていない。現在の大阪締めは、例えば、天神祭の船渡御《ふなとぎょ》では船がすれ違う度にエール交換の意味で演じ合ったり、大阪証券取引所の納会や大発会では景気づけの意味で一同会して演じたり、住吉祭では神輿の移動の初めと終わりの区切りの意味で演じたりしている。このように大阪締めは、大阪人の商売や祭りなどの行事と結びついた音楽として現在も大阪人の生活に位置づいている。

(2)　大阪締めのパフォーマンスとしてのおもしろさ

①　音楽としてのおもしろさ

大阪締めの音楽としてのおもしろさは、まず「打ちまひょ（掛け声）―パンパン（手打ち）」「もひとつせ―パンパン」「いおうてさんど―パパンパン」のように、掛け声と手打ちとの呼応関係にある。そして、この呼応関係の成立には「間（ま）」への意識が要求される。例えば、「打ちまひょ」の後の「間」を合わせるからこそ「パンパン」の手打ちを合わせることができる。その場にいる人々は「間」を共有することで一体感を実感できる。呼応関係とそれが生み出す「間」に大阪締めの音楽としてのおもしろさがあると考えられる。

② パフォーマンスにおける音楽と他の表現媒体との関連

大阪締めは言葉（掛け声）と動き（手を打つ動作）から構成されており、言葉の抑揚とリズムが調子よく整えられて音楽のリズムと抑揚を生み出している。つまり、言葉と動きと音楽が三位一体となったパフォーマンスといえる。ここでの言葉である「打ちまひょ」「いおう（祝う）」は大阪で伝承されてきた方言である。この言葉は手打ちを引き出す掛け声の意味をもち、男締めといわれる「打ちまーひょ」と女締めといわれる「打ーちまひょ」のようにうたわれ方に違いが見られる。つまり、手締めをする状況によって言葉のリズムや抑揚が変化する。

この掛け声に呼応するのは「パンパン」「パンパン」「パパンパン」というリズムを皆で一体となって手打ちをする動きであり、言葉と手打ちの動きが呼応する。手打ちの部分は、例えば大阪証券取引所での納会や大発会では拍子木で、天神祭などでは太鼓で演奏されており、楽器の音色によって華やかさや力強さなどさまざまな雰囲気を醸し出すこともある。

(3) パフォーマンスを支える背景

全国的に伝承されている手締めは、「ヨー（掛け声）パン」の一丁締め、「ヨー（掛け声）シャシャシャン　シャシャシャン　シャシャシャン　シャン」の一本締め、この一本締めを三回繰り返す三本締めがあるとされる⑶。これに対して大阪締めはテンポが遅く、手打ちに掛け声を挿《さしはさ》むという特徴をもつ。

現代の大阪では、例えば天神祭の船渡御でのエール交換、大阪証券取引所の納会や大発会での景気づけ、住吉祭で神輿の移動での「行くぞー！」「オー！」、「締めるぞー！」「おおきに！」のように、ある仕事の一区切りの意味が込められた大阪締めのパフォーマンスが見られる。これらの場面に共通するのは、諸々の仕事への思いをその場にいる人々で共有していることだといえるだろう。つまり、大阪締めのパフォーマンスの背景には、諸々の仕事の締めくくりとしての意味だけでなく、状況を共有する人々が呼応のコミュニケーションによって一つの共同体としての確認をするという意味があると考えられる。

3　幼稚園生活への導入

そこで、何か仕事を終えたときにその場にいる皆で掛け声を唱和し、それに呼応して手打ちをするというパフォーマンスの経験を日々の幼稚園生活に導入することにした。幼児のパフォーマンスの経験の流れを示すと下図となる。

⑴では、教師が前に立って大阪締めのパフォーマンスを行い、それを真似るかたちで幼児がパフォーマンスをした。⑵では、日々の帰りのあいさつを大阪締めのパフォーマンスとその後の「さようならー！」で行った。⑶では、

パフォーマンスの経験

⑴　パフォーマンスモデルを見る

↓

⑵　日々の生活でパフォーマンスを経験する

↓

⑶　パフォーマンス映像を見る

↓

⑷　身近な楽器を用いて自発的にパフォーマンスをする

↓

⑸　行事で自発的にパフォーマンスをする

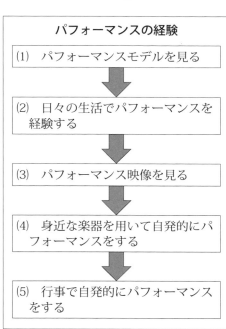

㋐桂米團治襲名披露での《大阪締め》(4)、㋑住吉祭での《大阪締め》(5)の二つのパフォーマンス映像を見て気づきを交流し、大阪締めの背景をある程度知ったうえで、自分たちなりに大阪締めのパフォーマンスを行った。(4)では、大阪締めに合わせて自発的に大太鼓と小太鼓を演奏し、この演奏に合わせてパフォーマンスを行った。(5)では、生活発表会と卒園式という行事の締めくくりで幼児が自発的に大阪締めのパフォーマンスを行った。

各活動における幼児の姿は以下の通りである。

(1) パフォーマンスモデルを見る

三~五歳児の六〇名が共に過ごす実践クラスでは、《おかえりのうた》(天野蝶作詞/一宮道子作曲)をピアノ伴奏に合わせてうたうことで日々の帰りのあいさつをしていた。手締めは、諸々の出来事の成立・成就としての締めくくりの意味をもつことから、一日の締めくくりとして幼稚園生活に導入した。はじめに教師が大阪締めのパフォーマンスを見せ、それを真似させるかたちで取り入れた。

(2) 日々の生活でパフォーマンスを経験する

パフォーマンスモデルを見た後、日々の帰りのあいさつを大阪締めで行った。教師が前に立つのではなく、その日の当番の幼児が前に立ってパフォーマンスするようになると、前に出てパフォーマンスをしたい幼児が増えていき、一日の終わりを大阪締めとその後の「さようならー!」で締めくくることが習慣のようになっていった。

このような経験を積み重ねていくと、「パパがお祭りで大阪締めやってた!」「テレビで大阪締めやって

るの見た！」などと話しにくる幼児が見られるようになった。

(3) パフォーマンス映像を見る

ここでは㋐桂米團治襲名披露での《大阪締め》、㋑住吉祭での《大阪締め》、の二つのパフォーマンス映像を見たときの気づきをもとにパフォーマンスする保育（主に領域「表現」）を実践した。ここでは大阪締めが大阪の人々の生活にどのような形で位置づいているかを知らせようとした。

㋐の映像を見た幼児は、「最後に『さよなら』じゃなくて『ありがとうございました』っていってた」「(手打ちを）目の前じゃなくて上でやってる」「船に乗ってる人とお客さんが一緒にやってる」と発言していた。この後の帰りの会では、両手を上げた大きな動きでのパフォーマンスや、「さようなら！」の後に「ありがとうございましたー！」という幼児が見られるようになった。

大阪締めの背景を知ると同時に、大阪締めのパフォーマンス自体にも関心を示した。㋑の映像を見た幼児は、「(手を）たたいてたときに、太鼓も一緒にドンドンやってた」「手をたたくんと太鼓をたたくんのリズムが合わさってる」「最後に『ヤー』っていってる」と発言していた。そして、この後、大阪締めのパフォーマンスに合わせて楽器を演奏する、最後に「ヤー！」でポーズを決める、といった活動に展開していった。

(4) 身近な楽器を用いて自発的にパフォーマンスをする

前項(3)のパフォーマンスの後、幼児は「大太鼓あんねんけどな」「大太鼓、持ってきたい」といって大太鼓と小太鼓を運び、自発的に大阪締めを楽器で演奏し始めた。ここでも大人たちがまったくかかわらなくても、リーダー役の幼児が「うちましょ」と声をかけると、それに呼応するように演奏が始まっていた。

何度も演奏を繰り返すうちに、「祝《い》おて三度」の後に「ヤー」という掛け声が即興的に生み出され、それとともに、パフォーマンスをしている幼児は両手を、楽器を演奏している幼児はバチを突き上げるというパフォーマンスが生まれていった。

(5) 行事で自発的にパフォーマンスをする

大阪締めを幼稚園生活に取り入れたのは、一一月下旬だった。その後、一二月上旬の生活発表会後、ひとつの行事をやり遂げた幼児に担任教員が「今日はどうやって終わろうか?」と尋ねると「大阪締めで終わりたい!」と答え、保護者が見守る中、皆で大阪締めのパフォーマンスを行っていた。

さらに卒園式の日、最後にクラスの皆で過ごした後、担任教員が「幼稚園生活をどうやって終わろうか?」と尋ねると、幼児は「≪おかえりのうた≫と大阪締めの二つで終わりたい!」と答え、幼稚園生活を大阪締めで締めくくった。

4 幼児の生活に位置づく郷土の音楽

帰りのあいさつとして大阪締めを幼稚園生活に導入すると、大阪締めは一日の締めくくりの音楽として幼児の生活に位置づくようになった。その過程に組み入れた領域「表現」での保育実践では、リーダーが掛け声をかける、掛け声と楽器演奏を呼応させる、掛け声や動作を即興的に新たに生み出すといった自発的で創造的なパフォーマンスが見られた。幼児は、大阪締めがもつ音楽的なリズムにのって一体感を味わおうとしていたのだろう。つまり、それまでの模倣や習慣としてのパフォーマンスから発展し、大阪締めの音楽的意味を感じ取ったパフォーマンスだといえるのではないか。

その後、生活発表会や卒園式といったひとつの行事を終えたとき、幼児の「大阪締めをやりたい！」という訴えが見られた。この訴えには、日々のパフォーマンス経験の積み重ねによって、幼児にとって大阪締めの音楽が「他者と共に締めくくる」という意味をもち、生活に位置づいていたことが背景にあったのだろう。このときの幼児の大阪締めのパフォーマンスには「生活発表会をやり遂げた！」「幼稚園生活は楽しかったな！」「小学校に行ってもがんばろう！」などの思いが込められていたのではないか。つまり、大阪締めはひとつの経験を他者と共に締めくくる音楽として、幼児自身の生活に位置づいていたと考えられる。


【謝辞】

本実践について、郄橋学園幼保連携型認定こども園「たちばな幼稚園」の郄橋雅広園長はじめ先生方のご厚意に感謝申し上げます。

実践２　沖縄わらべうたによる全校集会

小川由美

１　実践の概要

ここでは沖縄の小学校で実践された全校集会を紹介する。本集会では、沖縄のわらべうた《こーじゃー馬ぐゎー》での集団遊びが行われた。1年生から6年生の子どもが一緒にうたい遊び、歌の持つはねるようなリズムに合わせて、躍動的に遊ぶ様子が見られた。

2　実践の背景

実践校の教員によれば、沖縄の子どもたちは《はないちもんめ》のようなわらべうたには親しんでいるが、沖縄で伝承されてきたわらべうたでうたい遊ぶ経験が少ないという。そこで実践校では、異学年での交流を通して、わらべうたで楽しく遊びうたう経験ができるよう、全校集会でわらべうたを取り入れたということである。地域のわらべうたを扱うことは、親や祖父母との交流を生むきっかけになると考えられる。また、他の地域のわらべうたと比較することで、いろいろなわらべうたに関心をもってうたい遊ぶことにつながり、音楽経験を広げていくことが期待できる。

3　沖縄のわらべうた

沖縄には、ウチナーグチ（沖縄の言葉）でうたわれる「伝統的なわらべうた」と日本本土から伝わってきたわらべうたがある。両者にはどういう違いがあるだろうか。金城は、沖縄のわらべうたの約六割が本土のわらべうたでは用いられないオフビート（裏拍にアクセントおく）で終止すると指摘する。また、琉球旋法でうたわれるものも多く、本土のわらべうたとは違った音楽的特徴を持つ。このような違いが生まれた背景には言葉の違いがある。ウチナーグチ話者の減少に伴い、「伝統的なわらべうた」がうたわれなくなったと指摘されるように、特に話し言葉はわらべうたの成立に深く関係している。また、海に囲まれた沖縄での暮らしが、沖縄の人々の独特なリズム感を生み出していると指摘される。沖縄という土地の風土や歴史・文化が、沖縄と本土のわらべうたの違いを生み出しているといえる。

4　全校集会の企画の視点

(1)　沖縄のわらべうた《こーじゃー馬ぐゎー》の音楽的特徴と遊び方

本集会で扱われた《こーじゃー馬ぐゎー》は、裏拍にアクセントを置くような後打ちのリズムが特徴的なわらべうたであり、裏拍に重心を置くような［基層的リズム］にのることの心地よさがある。このリズムにのって、馬に乗って移動するような動きでジャンプしながらうたい、歌の最後でじゃんけんをして、負けた方が勝った方の後ろに連なって遊ぶ。わらべうたをうたと遊びと分けて行うのではなく、うたの音楽的な特徴と遊びでの身体の動きは一体となっていることから遊びとして扱う。

(2)　《こーじゃー馬ぐゎー》の特徴を生かした異年齢集団での活動

本集会では、《こーじゃー馬ぐゎー》の集団遊びを1年生から6年生の異年齢集団で行った。この遊びは、誰でも参加しやすく、かつ、6年生であっても十分に楽しめる遊びである。また何度も繰り返すうちに、一つの大きな列になりながら同じ拍感で動く同調感を共有するため、集団としての一体感を感じやすい。全校集会において、どの子どもも参加でき、かつ集団としての意識を高める上で適した活動と考える。ただし実践校では、全校児童の人数が多く、短い時間に全児童が一斉に遊ぶことができない。そこで、各クラスから代表者を出し、彼らが遊んでいる様子に合わせて周りの子どもがうたうという形を取った。代表者を応援するような気持ちでうたうよう促すことで、子どもの意識は遊んでいる子どもに集中し、動きを見ながらうたう環境が作られた。動きに合わせてうたうことで、はねる感じがより強調され、歌も躍動的なものになったと考える。また、遊びながらうたう子どもの中には、裏拍の部分で浮き上がるような動きをしている者がいた。これは、後打ちリズムを感じ取ることで出てきた動きと思われる。《こーじゃー馬ぐゎー》の後打ちリズムが生み出す動きに身体全体でのることで、子どもの内側にあるリズム感が引き出されていったといえる。

5 沖縄のわらべうたを全校集会で扱うことの成果と意義

(1) 沖縄のわらべうたを取り上げることで見えてきたこと

実践校の教員によると、沖縄のわらべうたを扱った全校集会を行うと、教室へ戻っても子ども同士でわらべうた遊びをする姿が見られたという。これは、他の全校集会ではあまり見られない姿である。また、家に帰ってから祖父母に別のわらべうたを教えてもらうといった、家庭での交流も生み出された。これらは、わらべうたを扱ったことによる成果の一つといえるだろう。さらに集会で異学年で交流することによる成果も見られた。それは上級生が下級生に優しく接し声をかけ配慮する姿が見られたことである。このことで、下級生にとっては学校がより楽しみのある空間になり、上級生にとって自分の成長を感じる機会となったと考えられる。実践校の教員は、このような触れ合いから生まれるものを今後も受け継いでほしいと述べている。

(2) 子どもの内側にある感覚を引き出す沖縄の音楽

本実践では、沖縄のわらべうたが持つ独特なリズムに自然とのってうたう子どもの姿を見ることができた。このようなリズム感はどこから生まれるのか。そこには、沖縄の暮らしが影響していると考えられる。旧盆の時期には各所で《豊年音頭》が聴こえ、通りからエイサー太鼓の音が響く。日常生活においても、心が浮き立つと指笛を鳴らし、「ツアイヤ　ッサッサ」と合いの手を入れ、三線《さんしん》の音に合わせてカチャーシーで踊り合う。このような生活経験が、沖縄のわらべうたや民謡が持つ特徴的なリズムに自然とのれる身体をつくっていると考えられる。そして、沖縄のわらべうただからこそ、裏拍を捉えて身体全体で後打ちのリズムにのる子どもの姿を引き出すことができたと考えられる。沖縄という風土、そして豊かな音楽文化が息づく土地で生まれ育った子どもたちが、その身の内に蓄えている豊かな音楽的感覚を存分に生かす機会が、今後も増えていくことを願う。

【謝辞】
本実践について多大なご協力をいただきました赤嶺絹代教諭に御礼申し上げます。

実践3　台湾タイヤル族の郷土教育

兼平佳枝

台湾は複数の原住民(1)（先住民族）が共存する国である。その中で二番目多い人口規模をもつ民族が、泰雅（タイヤル）族である。台湾では近年、原住民文化を見直そうとする気運が全国的に高まっており、その流れを受けて原住民文化を核とした教育計画が二〇一三年からスタートしている。その先駆けとなる台湾全土で初の実験学校が、台湾中部の台中市にあるP'uma（博屋王馬）小学校である。全校児童の九〇％、教師の六〇％が原住民のタイヤル族のP'uma小学校では、「真のタイヤルの人間になろう」「タイヤルの魂をもった人間になろう」という教育目標を掲げ、子どもたちが原住民の天性の能力を発揮できるようになることをめざす教育活動を行っている。この取り組みを郷土教育としてのカリキュラムとその教育方法の点から捉え直し、その意義について考察していく。

1 原住民文化を中核としたカリキュラムと授業構成

P'uma小学校におけるカリキュラムの中核を為すのは、タイヤル族の精神・文化の総称とされている〝GAGA〟である。〝GAGA〟は、先祖代々のタイヤル族の人々の生活によって生成されてきた。民族固有の文字をもたないタイヤル族の人々は、これまで〝GAGA〟を口承によって伝承してきている。P'uma小学校のカリキュラムは、〝GAGA〟を中心に学ぶ民族文化の学習と、国語や数学、英語等の一般の教科学習とを組み合わせたものになっている。〝GAGA〟の具体的な内容は、タイヤル族の「社会組織」「精神文化」「自然と知恵」「生活の技能」「部落の歴史」「芸術」「タイヤル族の文学」の七領域から成る。さらに、「芸術」であれば、①踊り、②歌謡、③楽器、④遊び、⑤トーテム（祖霊の生まれ変わりとされる動植物等）、のようにその内容が細分化されており、七領域で合計二六のテーマが設定されている。子どもたちは小学校六年間で二〇三〇節（一節：四〇分）かけて〝GAGA〟を学んでいく。

では、〝GAGA〟を中核とした授業とは実際にどのようなものか。例えば、「ミュージカル」をテーマとした授業がある。そこでは、タイヤル族の民話等がストーリーとなり、それを基に子どもたちによって脚本が作成されていく。そこに必要になるのがタイヤル族の民族歌謡や舞踊であり、舞台でのストーリー展開に必要な衣装づくりや背景画の制作等である。背景画には、タイヤル族が暮らす地域の自然の風景が描かれることもあれば、衣装にタイヤル族の伝統の文様を施した衣装をつくることもある。その過程でトーテムや服飾文化を学んでいく。一方、「酒造り」をテーマとした授業では、校外に出て原住民の人々と共に、実際に稲を育てて米を収穫し、それを材料として酒を造るという一連の体験活動が行われ、その過程でタイヤル族の飲食文化について学んでいく。

もちろん、国語（中国語）や英語、情報等の一般の教科学習も十分に行われている。むしろ、国語、英語、数学は、他の一般の小学校よりも多くの時間が配当されているという。しかし、これらの一般の教科学習の場においても〝GAGA〟について学ぶ場があることが、P'uma小学校の授業の特徴的な点である。例えば、数学はタイヤル文化の内容が含まれる問題がタイヤル語で作成されたものとなっており、「民族数学」として授業が行われている。これは、教師、原住民の人々、タイヤル語の教師、台中教育大学との共同研究によって授業開発が行われており、教科書の編纂が二〇二〇年の完成をめざして現在も進行中であるという。

2　〝GAGA〟の真正性を保つ教育方法

このような〝GAGA〟を中核とした多くの授業は、原住民の人々と教師によるチーム・ティーチングで行われている。ここで特筆すべき点は、教師が〝GAGA〟を単なる知識として教えないということである。子どもたちは自らの身体諸器官を使い、五感を働かせて素材となる材料と相互作用しながら直接経験を通したさまざまな活動を行う。「酒造り」であれば、実際に米から育てて酒を造る活動がそれにあたる。米の収穫には自分たちの住む地域の気候や稲の生育のメカニズム、米から酒を造るにあたっての知識や技能が必要になる。そしてその過程で、なぜタイヤル族の生活に酒が不可欠なのか等の飲食文化について学ぶ。このように、「酒造り」という活動を通して、そこに必要な知識・技能や、それらの基盤となるタイヤル族の文化や精神性を学んでいくのである。つまり、〝GAGA〟を単なる自分たちの民族の歴史や文化の文字情報としての知識ではなく、自分自身の現在の生活とのかかわりを通して、現代社会において必要な知識・技能と共に学ぶのである。その他「小屋づくり」「口琴の演奏」等のテーマの授業でも、子どもたちはそこでの活動のプロセスと関連づけながら〝GAGA〟を学んでいく。教育哲学者J・デューイは、文化を文化遺産ではなく「人類の経験」、すなわち、「知性」と捉えているとされる(2)。P'uma小学校のカリキュラムでは、まさに〝GAGA〟をタイヤル族の経験の蓄積としての「知性」と捉えたカリキュラムであるといえる。

このように、P'uma小学校では〝GAGA〟の生成の道筋を子どもたちに経験させるという教育方法により〝GAGA〟の真正性を保持しながら、その本質を子どもたちに捉えさせることが可能となっている。そして子どもたちにとっては、それらが過去の先人の文化遺産ではなく、「現在の自分の生活とつながりのあるもの」として受け入れられることになる。

3 P'uma小学校のカリキュラムに見る文化の伝承と再創造の意義

小島律子は、デューイの文化論に依拠した学校における地域伝統文化の伝承に関する研究成果より、学校教育で子どもに文化を教えるときには、それを生み出してきた人間の「知性」の働きを子どもたちが経験できるようにしてやることが必要であると述べている(3)。P'uma小学校の民族文化教育は、タイヤル族の文化である「知性」としての〝GAGA〟を子どもたちが経験することにより、文化の再創造が行われているといえる。これはタイヤル族の原住民文化の伝承となると同時に、子どもたち一人ひとりが「自分はタイヤル族である」ことを自覚していくことにつながり、さらには、自分が生活している地域や共同体への愛着心を生むことにもなると考えられる。そして、このような民族文化教育は、子どものアイデンティティ形成の基礎を醸成することにつながるだけでなく、ひいては、それを基盤として国際社会に目を向けていくきっかけにもなるであろう。

注

実践1 大阪締めの幼稚園生活への導入

(1) 梅棹忠夫・金田一春彦・阪倉篤義・日野原重明監修『日本語大辞典』、講談社、一九八九年、一三三〇頁。
(2) 日本経済新聞大阪夕刊いまドキ関西『大阪商人』じゃなくても知りたい『大阪締め』二〇一二年四月一八日付(https://style.nikkei.com/article/DGXBZO40530860Y2A410C1AA2P00)、二〇一六年一二月一〇日参照。
(3) 松村明・三省堂編修所編『大辞林　第三版』三省堂、二〇〇六年、一六一、一〇五八頁、および、新谷尚紀『日本人はなぜそうしてしまうのか』青春出版社、二〇一二年、一三二－一三四頁。
(4) YouTube「住吉祭　二〇一〇　お神輿移動　大阪締めかっこいい」(https://www.youtube.com/watch?v=9fk_Y_sWjXU&feature=youtu.be)、二〇一六年一二月一〇日参照。
(5) YouTube「大阪締め」(https://www.youtube.com/watch?v=o4E93Y0TwtA&feature=youtu.be)、二〇一六年一二月一〇日参照。

実践2 沖縄わらべうたによる全校集会

〈参考文献〉

・金城厚『沖縄音楽の構造―歌詞のリズムと楽式の理論』第一書房、二〇〇四年。
・久保けんお他『日本わらべ歌全集26　鹿児島沖縄のわらべ歌』柳原書店、一九八〇年。
・小島美子「沖縄本島におけるわらべ歌の変質過程」日本民俗音楽学会『民俗音楽研究』二〇－二二号、一九九七年、一〇四－一一四頁。

・高江洲義寛『沖縄のわらべうた』沖縄文化社、一九九二年。

実践3　台湾タイヤル族の郷土教育

(1) 台湾では、原住民という語は差別語ではなく誇りをもって使われている。
(2) 小島律子「学校での構成活動による地域伝統文化の伝承と再構成」『大阪教育大学紀要 第V部門』第六四巻第二号、二〇一六年、二七頁。
(3) 小島律子前掲、三二頁。

〈参考文献〉

・小林佐知子「台湾における原住民文化を核とした学校教育の試み」『学校音楽教育研究』第二一巻、日本音楽教育実践学会、二〇一七年、八七頁。

第Ⅳ章

生活と文化をつなぐ「郷土の音楽」の現代的意義

1　協働的コミュニケーションによる授業

小島律子

学校教育に半世紀以上にもわたって登場していた「郷土の音楽」は、その地域に生活する人々の経験の成果、すなわち地域の文化として捉え直すことで、二一世紀の現代において、私たちのこれまでの授業観をくつがえす新たな授業の可能性を示してくれました。古い授業観とは、教材は見知らぬ馴染みのないもので、学校では知らないことを学ぶ、教師は教える人で子どもは教えられる存在という関係にある、学習は競争だから友だちを助けたりしない、というような授業観のことです。しかし、郷土の音楽の事例ではその正反対の姿を見ることができました。

新しい授業観を支える基本的な要因に「協働的コミュニケーション」があります。郷土の音楽の教室で繰り広げられるコミュニケーションは、教師から子ども、あるいは伝承者から子どもへの伝授的コミュニケーションではなく、異なる立場の、異なる知識技能をもった人たちが協働して、共通の目的であるパフォーマンスの形成に向かうという協働的コミュニケーションでした。協働的コミュニケーションがなぜ起こるのか、それはどのような様相を見せるのかを見ていきます。

(1)　協働的コミュニケーションが起こる理由

協働的コミュニケーションが起こる理由は、「郷土の音楽」の教材は子どもたちの共有物であり、ゆえに活動の目的がクラスで共有されやすいということにあるといえます。では、なぜクラスで共有されやすい教材になるのでしょうか。それは、郷土の音楽は、［生活経験の時空間］［基層的リズム］［即興性］から成る「郷土性」を備えていることから、生活経験と結びついた学習を可能にするという点にあると考えられます。

「郷土の音楽」の教材は、教科書の世界からの提示物ではなく、子どもの生活圏にあるものです。子どもは生活経験を通してその教材に関する知識や技能をすでにもっています。あるいは教材そのものの知識や技能はなくても、教材が生成・伝承されてきた風土での生活経験はもっています。「郷土の音楽」を教材とするときは、音楽だけを取り出すのではなく［生活経験の時空間］を意識して扱うので、子どもたちは教室で自身の生活経験を想起でき、そこから何かいうべきものをもつことができるのです。それを自分の持ち物として授業に出してくると、子ども同士で意味が通じ合い、相互の関連を見つけやすいのでコミュニケーションが起こりやすくなるということがあります。

さらに、そのコミュニケーションが協働的なものとなるには、クラスで活動の目的を共有する必要がでてきます。目的を共有することで、目的実現に向けて力を合わせようという姿勢が生まれてくるのです。授業ではパフォーマンスを演じる活動が中心となるのですが、演じる目的となるパフォーマの全体像が「ああいう感じにするのだな」と、どの子どもでもイメージとしてもてているということがあります。何かわからないものに向かって努力を求められるわけではないのです。めざすべき目的が共有されているので、目的を実現するという方向で協働的コミュニケーションが起こりやすくなります。つまり、生活経験と結びついた学習が、協働的コミュニケーションが生起しやすい状況をつくっていると考えられます。

(2)　協働的コミュニケーションの諸相

「郷土の音楽」の授業では、協働的コミュニケーションはどのような姿として見られるのでしょう。それは子ども同士、子どもと教師と地元の伝承者のかかわりに見えてきます。

子ども同士のかかわりでは、クラスに芸能の経験者がいる場合、経験者の子どもが未経験者の子どもに教えるということが起こります。事例では、経験者が太鼓の打ち方や足取りを見せて、みんなが真似をするという場面がよく見られました。そこでは未経験者の子どもたちはただ教えてもらう受動的な姿勢ではなく、「もう一度やってみせて」「そこ、もっとゆっくりやって」というように能動的な対話を進めます。また、祭りの経験者の子どもが、町名が大きく染められた自分の半被を自発的に教室に持参するということがありました。実物を見てクラスで気づきを言い合うことで、お囃子が町内によって少しずつ違うという理解、つまり文化の伝播に関する理解に発展しました。

パフォーマンスをつくっていく過程では、目的が共有されているので、教師の指示を待つのではなく、子どもたちが主体性を発揮していきます。出だしの合図は「せーの」等、子どもたちが自主的に出してくるようになり、出だしの合図を太鼓で即興でつくり出したグループもありました。太鼓をリレー方式で順番に一人ずつ打っていくときは、他の子どもたちは太鼓の周りを取り囲んで、打ち始めの合図を出してあげたり、打つ身振りをして応援したりという姿も自然発生的に見られました。

地域の伝承者が授業にゲストティーチャーとして参加する場合も、一方的な知識技能の伝達ではなく、子どもと対話をしながら、子どもの疑問や欲求に応えるという筋道で、知識や技能を提供してもらうようにしました。伝承者と子どもをつないで対話を円滑に進める役目は教師になります。

そして、教師もパフォーマンスを演じる一員としてパフォーマンスに参加します。教師はそのパフォーマンスの熟練者ではありません。子どもと同じ立場で、自分のできることで貢献します。やぐら囃子では、生徒の打つ太鼓に教師が笛でふしを入れることでパフォーマンスに参加するということがありました。めざすパフォーマンスの全体像のイメージは全員がすでにもっているので、それを目的としてそれぞれが自分のできることで参加します。

このような協働的コミュニケーションでは、言語によるものだけではなく、身体の動きを模倣したり同調したりといった身体的コミュニケーションや、だれかが打つ太鼓に即興的に掛け声を入れるといった音によるコミュニケーションもさかんに行われます。クラスで共有している目的実現のために、音や身体や絵などの多様な媒体を通してコミュニケーションを行い、そして、子ども、伝承者、教師それぞれが自分のできることで参加し、協力してパフォーマンスをつくっていくという授業となりました。

(3) 共同体意識の形成

このような協働的コミュニケーションは、共同体意識の形成をもたらします。生徒がやぐら囃子を構成している「笛と太鼓の重なり」（テクスチュアという音楽的要素）を知覚・感受したあと、クラスで一人ずつ太鼓のリレー奏をする場面でした。テクスチュアの特質である「にぎわっている感じ」を表そうとして、順番を待っている生徒たちから自然と囃子詞や手拍子が出てきました。太鼓をたたく生徒、囃子詞を入れる生徒、手拍子をする生徒、すべての生徒が自主的に活動に参加している場面が生まれました。「やぐら囃子のパフォーマンスをやろう」という目的が共有され、クラスが一つの共同体のようになった場面といえます。協働的コミュニケーションはクラスに共同体意識を形成するということがあります。

このように、協働的コミュニケーションは、ただ一筋にパフォーマンスの完成に向かうだけでなく、その過程で子どもの「主体的な学び、対話的学び、深い学び」をもたらし、そこに友だちとの共存の感情が生じるということができます。

2 生活を基盤とした文化の再構成による学力育成

小島律子

今から一〇〇年以上も前、J・デューイは『学校と社会』で、学校が子どもの生活とかけ離れたものになっていることを問題視し、子どもの生活経験を基盤とした学習が結局は学問・科学・芸術の研究へと通じる有効な方法になるということを論じました。教育学において学校での学習と生活との結合は歴史的な課題であり続けてきたといえましょう。

「郷土の音楽」はこの課題への一つの答えを示しているのではないでしょうか。その方法は生活を基盤とした文化の再構成にあると考えられます。

(1) パフォーマンスの再構成

「郷土の音楽」の授業は、文化の〈伝達〉ではなく、文化であるパフォーマンスを子どもたち自身で〈再構成〉する活動を中心として展開されました。子どもたちは何となく見聞きしてぼんやりと知っていたものを、実際に自分自身で一から再構成してみることで、その芸能の音の重なりの仕組みや間をとる呼吸の仕方等が見えてきて、知っていると思っていたことに新たな意味を付与していったと推察できます。子どもたちは、単にその芸能の表面的な形を真似してパフォーマンスをしていたわけではないのです。

子どもたちは、めざすべきパフォーマンスの姿は、全体像のイメージとしてすでにもっています。パフォーマンスを再構成していくのに必要とされる材料や過程の大部分も、すでに子どもたち自身がもっていたものになります。例えば、笛のふしにどのタイミングで掛け声を入れるか、とか、遠くに呼びかけるときは言葉の母音を延ばして発声するとか、それらは子どもたちが生活の中でやってきたことであり、あるいは生活のどこかで見聞きしてきたことになります。授業では、子どもたちが生活で身に付けたこのような知識技能を活用して、学校の教室という別の場で、自分たちの手で、パフォーマンスを再構成する学習になっていたと捉えることができます。

このようなパフォーマンスの再構成では、子どもに潜在している「織り込まれた知性」としての感性や思考や感情を発揮させることが重要となります。それには教室の環境設定が大きくかかわってきます。机と椅子が並んだ教室ではなく、疑似体験によって学ぶための、身体を動かすことのできる模擬空間をつくることが有効になります。教室をパフォーマンスが演じられる場に見立て小道具を使って模擬空間をつくります。子どもが半被や団扇を持ち込み、自分たちで模擬空間をつくる事例もありました。そういった空間において身体を動かすことでイマジネーションが働き、あたかも自分たちが演じている気分になると、自分たちの感性によって即興的な表現を出してくるようになり、パフォーマンスの表現の工夫につながってくるのです。

(2)　パフォーマンスの再構成を通して育つ能力

では、パフォーマンスの再構成では、どのような学力が育成されるのでしょうか。

郷土の音楽の授業では、「文化」としての日本伝統音楽の音楽的要素を指導内容として設定し、その指導内容を軸として単元構成がなされていることから、日本伝統音楽の仕組みへの知覚・感受の能力、表現を工夫する能力、演奏技能や批評の技能が育成されることがまずあります。それは教科学習としての学力となります。

しかし、郷土の音楽の学習は、日本伝統音楽の学習に留まるものではなく、全人的な範囲に広がりをもちます。事例で子どもたちが見せた姿には、生活の中で獲得してきた知識技能を他者に伝えようとするエネルギー、その知識技能を使って今自分たちのやっていることに何か新しいものを加え、自分たちのパフォーマンスを構成していく発想力、そして、パフォーマンスの構成をクラス全員で共有しようとする共同体意識といったものが見られました。これらの力は知識技能の活用、発想力、コミュニケーション力、主体的に取り組む態度といえ、二一世紀の現在、まさに子どもたちに求められている学力といえましょう。このような学習が可能になったのは、郷土の音楽が生活経験とつながった存在であることに起因していると考えられます。

このような自身の全能力を発揮できる学習は、対象に対して馴染みや愛着をもつことにつながります。事例では、単元が終了してからもその学習を教室の外で生かそうとする子どもの姿が実際に見られました。農村歌舞伎の事例では、授業を受けた子どもたちの何人かは地元の農村歌舞伎の公演に参加しました。中学校で文楽の授業を受けた生徒は、その場面の続きを創作して修学旅行の出し物にして発表したということがありました。それらは、学びを人生や社会に生かそうとする力といえるのではないでしょうか。

3　カリキュラム・マネジメントへの示唆

小島律子

第I章において、「郷土の音楽」は地域教材として「総合性」と「直接性」という特性を備えているということを論じました。この特性により、郷土の音楽は誰もがかかわることのできる「柔軟な教材」となります。融通が利き、いかようにも扱える教材ということです。そこでカリキュラム・マネジメントに有用な教材として捉えることができます。

(1)　インクルーシブな教育の教材

前述したように、郷土の音楽では子どもたちは自身の生活経験を想起でき、そこから何かいうべきものをもつことができるということがあります。またその地域に生活していることにより「織り込まれた知性」を潜在させているということがあります。それゆえに、どの子も教材に手を伸ばして自分なりにかかわることが可能になると論じてきました。このことは、「郷土の音楽」はインクルーシブな教育の教材となるということを示唆します。

事例においても特別な教育的ニーズをもつ子どももいましたが、模擬空間で疑似体験をするという活動に参加し、周囲の友だちが身体を動かす中でそれに同調し、［基層的リズム］にのってパフォーマンスを行っていました。リズムの共有という身体の次元でのコミュニケーションは人間の根源的なコミュニケーションであり、郷土の音楽ではそれが成立しやすいということがあるからでしょう。

(2)　学年を限定しない教材

「郷土の音楽」では一つの教材が学年を越えて、どの学年にでもあてはまる教材となり得ます。例えば、平野郷夏祭りだんじり囃子は、幼稚園年長組、小学校3年生、小学校4年生で教材となっています。幼稚園では、［基層的リズム］を体現している鉦の口唱歌を唱えて足取りをし、ペープサートの神輿を動かして宮入する疑似体験をします。そこでは神輿の動きの「速度の変化」を工夫します。3年生では、鉦の口唱歌を唱える役と、そこに掛け声を重ねる役を分け、足取りをしながら重ねるパフォーマンスをします。

それは二つの異なるリズムの重なり、つまり「テクスチュア」という音楽的要素の学習となります。4年生では、口唱歌を唱えていた活動から、口唱歌を太鼓や鉦という楽器で実際に奏するという活動に発展させます。そして「速度の変化」を指導内容として、グループで息を合わせて速度を変化させてパフォーマンスをします。

農村歌舞伎は小学校2年生で実践しています。歌舞伎というのは中学生くらいにならないと難しいと思いがちですが、その地域で昔から農民の娯楽として楽しまれてきた農村歌舞伎から入ることで、子どもたちはその教材が「生活経験の時空間」にあることが意識でき、自分とのつながりを付けることが可能となりました。そして、疑似体験として自分たちで見得の一場面を演じてみることで「間」という要素を学習でき、古典芸能としての歌舞伎の鑑賞へとつなげることができました。生活から文化への連続性を実証した実践といえます。

「郷土の音楽」は、音楽だけではなく踊りや物語や衣装など多様な表現媒体によって重層的に成り立っていること、「基層的リズム」を感じ取りやすいことにより、子どもはどこかに教材との接点を見いだすことが可能になる教材といえます。「この教材はこの学年」というような固定観念にとらわれることなく、自由自在にカリキュラムに組み込むことができ、異学年間の関連を図ることが可能となります。

(3) 他教科とのかかわりが強い教材

「郷土の音楽」は「地域教材」であり、その生成・伝承は地域の環境に根をはっているので、根をたどるといろいろな教科の内容がかかわっていることがみえてきます。

船場通り名覚えうたの小学校2年生の事例では、生活科の「町探検」の学習と関連させています。自分たちで通り名の替え歌をつくるときには「町探検」を思いだし、「船場の中でも、幼稚園は昔からある建物で有名だから、歌詞に入れてみんなに古くてすごい建物ってことを知ってほしいな」と、生活科での学習経験を自身の生活経験と関連づけて替え歌をつくっていきました。また「町探検」は6年生と一緒になって実践されているので、この教材は2年生だけでなく6年生でも実践しています。このように「郷土の音楽」は、異学年も、他教科も、特別な教育的ニーズを必要とする子どもも含みこむ「柔軟な教材」といえます。

現在、学校においてカリキュラム・マネジメントの重要性がいわれています。各教科におけるさまざまな学習経験が有機的関連をもつように学校のカリキュラムをデザインすることで、子どもの中でそれらが統合されることが期待されるのです。「郷土の音楽」はその土壌を生活にもつことから複数の教科が重なる部分が多く、教科の関連づけを図るのに有用な教材といえるでしょう。

おわりに

一般的には「郷土の音楽」というと、子どもたちに郷土愛を育てるための特殊な教材と思われがちです。本書は「郷土の音楽」を「生活」と「文化」という二つの観点から捉え直すことで、この教材が他の教材には見られない教育的な意義をもっていることを明らかにしようとしました。それは、子どもの生活経験を土台とした文化の教育が可能になるという意義です。

とかく文化というものは、子どもの現実世界とは切り離されたところで、知っておくべき先人たちの遺産として教育されがちでした。しかし、郷土の音楽という地域文化は、子どもが自己の関心に基づいて、主体となって活動することを通して文化を学んでいく教育を可能にする教材といえます。本書の事例では、他の標準的な教科書教材の音楽の授業ではなかなか見ることのできない子どもたちのエネルギーあふれるアクティブな姿に驚かされました。

二一世紀の現代、科学技術の進歩により子どもの育つ空間はますますバーチャルな世界に圧倒されていっています。そのような時代だからこそ、子ども自身の内部に実感をともなった現実世界の見方や考え方を育て、それを核として世界を拡げていくことがより一層求められています。その核づくりに「郷土の音楽」を教材とする授業が有効であるということが見えてきました。

さらに「郷土の音楽」の授業は、身近な世界に留まるものではありません。子どもの生活と人類の経験の成果である文化をつなぐために、授業事例では、文化としての音楽科の指導内容を軸とした単元構成を行いました。このことにより、学習した内容はより洗練された芸術文化へ通ずる連続性をもったものとなっています。そして、この音楽科の指導内容を明確にした単元構成によって、一時的な興奮体験とは次元の異なる、文化の理解を裏付けとする知性を働かせた結果としての感情育成がもたらされることになります。

「郷土の音楽」は多様な種類があるのですが、本書では、実際、これまで学校教育で多く取り扱われてきたお囃子が中心となりました。お囃子は子どもの生活に最も密着している「郷土の音楽」といえましょう。ただ、お囃子を中心とした「郷土の音楽」の特性や教育的意義は他の種類の郷土の音楽にも敷衍できるものと考えられます。その検証は今後の課題になると思っています。

事例の授業実践につきまして事前のワークショップや授業でのゲストティーチャーとしてご協力いただきました方々、ＤＶＤ作成につきまして映像使用許可をくださいました方々にこの場を借りて改めてお礼申し上げます。

最後になりましたが、本書の出版に関しましては黎明書房の武馬久仁裕社長のご理解とご厚意をいただきました。また編集の都築康予氏には細部にわたってお世話をいただきました。深く感謝申し上げます。

二〇一八年夏

小島律子

DVD内容一覧

大阪天満宮天神祭の本番（陸渡御、船渡御）
大阪天満宮天神囃子のワークショップ
【事例10】大阪天満宮天神祭天神囃子の授業　小学校6年生（藤本佳子）

大阪天満宮天神祭どんどこ船の本番
大阪天満宮天神祭どんどこ船囃子のワークショップ（お話）
【事例2】大阪天満宮天神祭どんどこ船囃子の授業　小学校1年生（椿本恵子）
大阪天満宮天神祭どんどこ船囃子の授業資料（提示用映像）

大阪平野郷夏祭りの本番
大阪平野郷夏祭りだんじり囃子のワークショップ
【事例6】大阪平野郷夏祭りだんじり囃子の授業　小学校3年生（大和賛）
【事例8】大阪平野郷夏祭りだんじり囃子の授業　小学校4年生（藤本佳子）
【事例1】大阪平野郷夏祭りだんじり囃子の保育　幼稚園年長（岡寺瞳）

杭全神社の御田植神事のワークショップ
【事例9】杭全神社の御田植神事の謡いの授業　小学校5年生（椿本恵子）
杭全神社の御田植神事の謡いの授業資料（抑揚の比較聴取）

百舌鳥八幡宮の布団太鼓の本番 百舌鳥八幡宮の布団太鼓囃子のワークショップ 【事例３】百舌鳥八幡宮の布団太鼓囃子の授業　小学校１年生（藤本佳子） 【事例７】百舌鳥八幡宮の布団太鼓囃子の授業　小学校３年生（岡寺瞳・平野真衣） 百舌鳥八幡宮の布団太鼓囃子の授業資料（比較のための映像）
神戸谷上農村歌舞伎の本番 神戸谷上農村歌舞伎のワークショップ 【事例４】神戸谷上農村歌舞伎の授業　小学校２年生（渡部尚子）
【事例５】船場通り名覚えうたの授業　小学校２年生（椿本恵子）
阪南市秋祭りやぐら囃子の本番 【事例13】阪南市秋祭りやぐら囃子の授業　中学校３年生（大和賛）
文楽のワークショップ（講師　鶴澤清介） 【事例12】文楽《新版歌祭文》〈野崎村の段〉の授業　中学校３年生（楠井晴子） 文楽の授業資料（Ａ場面とＢ場面の語りの見本／演者　鶴澤清介）
【事例11】《丹波流酒造り唄》〈仕舞唄〉の授業　中学校１年生（田中龍三）
【実践２】沖縄わらべうたによる全校集会
【実践３】台湾タイヤル族の郷土教育

執筆者一覧（五十音順）

岡寺　瞳　大阪成蹊大学
小川由美　琉球大学
兼平佳枝　大阪教育大学
楠井晴子　大阪府東大阪市立孔舎衛小学校
小林佐知子　畿央大学
田中龍三　大阪教育大学
椿本恵子　大阪市立開平小学校
鉄口真理子　鳴門教育大学
廣津友香　四天王寺大学（非常勤講師）
藤本佳子　大阪教育大学附属平野小学校
大和　賛　大阪府阪南市立貝掛中学校
渡部尚子　神戸市立箕谷小学校

＊所属は発刊時のもの

編著者紹介

小島律子

大阪教育大学名誉教授・博士（教育学）

名古屋大学大学院教育学研究科博士課程単位取得退学

専門：音楽教育学，音楽科の授業論，教育方法学

〔主な著書〕

『子どもの音の世界―楽譜のない自由な「曲づくり」から始まる音楽教育』（共著，黎明書房），『構成活動を中心とした音楽授業による児童の音楽的発達の考察』（単著，風間書房），『総合的な学習と音楽表現』（共著，黎明書房），『音楽による表現の教育』（共編著，晃洋書房），『日本伝統音楽の授業をデザインする』（監修，暁教育図書），『学校における「わらべうた」教育の再創造―理論と実践―』（共著，黎明書房），『楽器づくりによる想像力の教育―理論と実践―』（共著，黎明書房），『生活感情を表現するうたづくり―理論と実践―』（共著，黎明書房），『義務教育９年間の和楽器合奏プログラム』（黎明書房），『音楽科　授業の理論と実践―生成の原理による授業の展開―』（編著，あいり出版）。

〔学術論文〕

「戦後日本の『音楽づくり』にみられる学力観―『構成的音楽表現』からの問い直し―」『学校音楽教育研究』（日本学校音楽教育実践学会紀要第９巻），「知性と感性を総合する教育方法としての『オキュペーション』概念―イマジネーションに注目して―」（日本デューイ学会紀要第46号）。

〔その他〕

「中学校学習指導要領（音楽）の改善に関する調査研究協力者」「高等学校学習指導要領（芸術・音楽）の改善に関する調査研究協力者」「評価規準，評価方法等の研究開発のための協力者」。

生活《せいかつ》と文化《ぶんか》をつなぐ「郷土《きょうど》の音楽《おんがく》」の教材開発《きょうざいかいはつ》と実践《じっせん》

2018年8月25日　初版発行

編著者　小《こ》島《じま》律《りつ》子《こ》

発行者　武馬久仁裕

印刷　藤原印刷株式会社

製本　協栄製本工業株式会社

発行所　株式会社　黎《れい》明《めい》書《しょ》房《ぼう》

〒460-0002　名古屋市中区丸の内3-6-27　EBSビル　☎052-962-3045

FAX 052-951-9065　振替・00880-1-59001

〒101-0047　東京連絡所・千代田区内神田1-4-9　松苗ビル4階

☎03-3268-3470

落丁本・乱丁本はお取替します。

ISBN978-4-654-02305-9

Ⓒ R. Kojima 2018, Printed in Japan

小島律子・関西音楽教育実践学研究会著　A5 上製・159 頁　2500 円

学校における「わらべうた」教育の再創造（DVD 付き）

理論と実践／現代の子どもたちに最も欠けている，物や人と積極的にかかわろうとする意欲と，コミュニケーション能力の育成をめざした，21 世紀の新しい「わらべうた教育」の考え方・進め方の指針。実践の様子がわかる DVD 付き。

小島律子・関西音楽教育実践学研究会著　A5 上製・158 頁　2500 円

楽器づくりによる想像力の教育（DVD 付き）

理論と実践／音探究と音楽づくりが一体となった「構成活動」としての楽器づくりにより，子どもたちの想像力を養うことをめざした音楽教育の理論と実践。小中高校，特別支援学級（中）12 実践の実際がわかる DVD 付き。

小島律子・関西音楽教育実践学研究会著　A5 上製・160 頁　2500 円

生活感情を表現するうたづくり（DVD 付き）

理論と実践／わくわくしたこと，悩んでいることなど，子どもたちの日々の生活の中で抱くイメージや感情を，《売り声》《わらべうた》《じゃんけんうた》など馴染み深い「うた」のふしにのせて表現する，「うたづくり」の理論と実践を詳述。

小島律子著　B5・115 頁　2500 円

義務教育９年間の和楽器合奏プログラム（DVD 付き）

生成の原理の立場から／豊富な実践をもとに小１～中３までの系統性ある和楽器学習のプログラムを開発，公開。専門家でなくても，だれもが指導でき，だれもが学習できるプログラムです。主要プログラムの実践を収録した DVD 付き。

東京おもちゃ美術館編　A5 上製・271 頁（内カラー 32 頁）　4500 円

日本伝承遊び事典

七夕やはないちもんめなど，子どもたちが担う豊かな日本の四季折々の伝統的な行事や遊びから，未来の子どもたちに伝えたいもの約 300 を厳選し収録。遊び方の図解や多数の写真を交え，楽しく紹介した遊べる事典。カラー口絵８頁。

芸術教育研究所監修　津村一美著　B5・96 頁　1900 円

乳幼児のリトミックあそび　はじめの一歩

保育のプロはじめの一歩シリーズ⑤／身近なあそびや，「今日は何を食べたの？」など日常生活で体験したことを題材にしたり，子どもたちの大好きな絵本や歌などを使った，０歳からできる楽しいリトミックあそびを紹介。

小川信夫・北島春信監修　日本児童劇作の会編著　各 B5・192 ～ 194 頁　各 3000 円

きずなを育てる小学校 **全員参加の学級劇・学年劇傑作脚本集（全３巻）**

低学年・中学年・高学年／劇を通して子どもたちがいろいろな体験をできる脚本を，歌や音楽，踊りの場面も交え，総合的な芸術活動も視野に入れて構成。楽譜，指導の手引き付き。全編新作書き下ろし。高学年編にはやさしい英語劇２編を収録。

表示価格は本体価格です。別途消費税がかかります。

■ホームページでは，新刊案内など，小社刊行物の詳細な情報を提供しております。「総合目録」もダウンロードできます。http://www.reimei-shobo.com/